これで失敗しない！

自治体財政担当の実務

林 誠
HAYASHI MAKOTO
［著］

JN021689

学陽書房

はじめに

　自治体の財政担当に異動が決まると、多くの人が不安に苛まれます。扱うお金の額も責任も大きいため、「失敗やミスをしたらどうしよう」と思ってしまう気持ちはよくわかります。財政課を預かる管理職であれば、そのプレッシャーはなおのこと大きいでしょう。

　そこで本書は、自治体財政にまつわる失敗事例をもとに、実務のポイントを解説しています。少しでも皆さんの仕事のお役に立てればと思います。

　「失敗」

　この言葉が好きだという人はほとんどいないでしょう。なにしろ、「失って敗れる」のですから。**特に間違いが許されない公務員にとって、「失敗」や「ミス」はタブー**です。ましてや、財政担当がそれを犯したら、自治体財政に大きな穴を開けてしまうこともあり得ます。

　近年では、内部統制の観点から、事務処理ミスや不祥事等を公表する自治体が増えていますが、財政に関するものも少なくありません。公表は、透明性の確保とともに再発防止がそのねらいですが、失敗を防ぐ・減らす・なくすことが求められているとも言えます。

　その一方で、「失敗を恐れすぎてはいけない」とか「失敗してナンボ」という考え方もあります。なかでも、成功した起業家や新しい世界を切り拓こうとしている研究者などは、失敗を恐れていては何もできないと考えているのではないでしょうか。経営者の中にも、「失敗しない人間は評価しない」と言う人もいますし、最終的にうまくいきさえすれば途中のつまずきは勲章のようなものと捉える人もいるでしょう。

　おそらく、失敗にはいろいろなタイプがあるのだと思います。例えばこんな具合です。

「避けられる失敗」と「避けられない失敗」
「してはいけない失敗」と「むしろ称えるべき失敗」
「起きるべくして起きた失敗」と「防ぎようがなかった失敗」
「先につながらない失敗」と「果敢に挑んだ結果の失敗」
などなど。

前者に区分されるような失敗はできれば起こしたくないものですが、後者の失敗は恥じるものではなく、むしろ胸を張れるものも含まれていることでしょう。

この本では、実際に地方自治体で起きた「失敗」を取り上げています。もちろん、**失敗をあげつらう意図はなく、貴重な教訓として参考にしたい**との思いです。当たり前ですが、そのどれもが、失敗しようとして失敗したのではなく、ちょっとした食い違いや気のゆるみが思わぬ事態を招いてしまっています。

なかには、「まさか」と言いたくなるような事例もありますが、「こんなことはうちの自治体では起きるはずがない」と決めつけるのではなく、自分事として捉えていただければと思います。失敗例は、ありがたい「教訓」とも言えるのですから。それに、失敗から学べば、その失敗は無駄にならなかったとも考えられます。

失敗を恐れすぎる行政はつまらないですが、失敗を繰り返して信頼を失う行政も困りものです。

避けられる失敗、悔いばかりが残る失敗を防ぐために、本書を活用していただけたら幸いです。

なお、本書で取り上げた失敗のうち、大きく報道されたものや広く知られているものについては自治体名を実名で表記させていただきました。あまり知られていないものやあちこちで起きているものについては仮名で書いています。教訓とさせていただきたいという趣旨ですので、ご理解いただければと思います。

林　誠

CONTENTS

第2章 「見落とし・確認不足」をめぐる失敗

第**4**章 「コミュニケーション」をめぐる失敗

「先入観・思い込み」
をめぐる失敗

① いつまでもあると思うな その補助金

── 国・県の補助打ち切り

失敗事例⋯⋯話が違う!?　補助制度が突然の終了

　F市では、県の補助金に上乗せする形で、自治会集会所に太陽光発電パネルを設置する際に事業費を支援する制度を開始しました。これは、事業費のうち、市が３分の１を補助することを条件に県も同額を補助するというもので、自治会の負担は総額の３分の１で済むことになります。

　同事業の開始に当たり、財政課は、「県の補助制度がいつまで続くのか」「もし県の補助制度が廃止になった場合はどうするのか」などを所管課に確認しました。

　所管課が県に聞いたところ、「本事業は環境先進県を目指す知事の肝入りの事業であり、終了は予定されていない」とのことでした。また、県の補助制度が終了した場合、所管課が自治会に対して市の単独補助は行わない旨を説明するとのことで、財政課は、そういうことならと予算を付けました。

　数年後、知事の交代に伴って、県の補助制度は終了となりました。市も予定どおり終了するつもりでしたが、予算枠の関係で先送りにされていた自治会から「話が違う」との不満が噴出。市はやむを得ず、単独事業として２分の１を補助する形で継続することとしました。

ここがポイント

　国や県の補助金は、突然終了となることがあります。「一定の成果が上がった」もしくは「成果が上がる見込みがない」といった理由で廃止となるのでしょう。共同補助をしていた市町村については、「やめたければやめればいいし、やりたければ単独でどうぞ」ということでしょうか。

　しかし、住民と直に接している自治体としては、国や県の補助がなくなったからという理由で簡単にやめるわけにはいきません。かくして、不本意ながら単独事業として継続される事業となるケースがあります。

解説

◎「はしごを外される」

　あてにしていた国や県の補助金が突然終了してしまうことを「はしごを外される」と表現することがあります。**「この事業は、国の後ろ盾がありますから、進めていただいて大丈夫ですよ」**と、はしごに乗ったような感覚で余裕を持って説明していたら、いきなりそれを取り上げられてしまった感じでしょうか。

　残念ながら、こうしたことはそれほど珍しいことではありません。やめる予定はないとされていた補助金があっさり終了することもあるため、市町村側も慎重になっていることと思います。特に、財政部門は頻繁にこんな事例に出くわしている感覚があるので、国や県からの補助金を当てにした事業を始める際には、くどいくらいに念を押していることでしょう。**「市としてやるべき事業なのか」「本当に、突然補助が打ち切られたりすることはないのか」「もし県からの補助金が打ち切られたら、市の単独事業としては継続しないということでいいか」**といった具合です。

　それでも、思いがけない補助金の終了は起こりますし、国・県の補助の終了のタイミングに合わせて終了するはずだった市の補助が継続になるということもあり得ます。補助に乗ってしまった以上、ある程度やむを得ないことと受け入れるしかないのかもしれません。

◎基礎自治体の強みと弱み

　市町村は、基礎自治体と呼ばれることがあります。「行政区画の中での最小の単位」という意味があるそうです。

　基礎自治体には、住民と顔の見える関係にあるという強みがあります。地域の方が困っていること、求めていることを直接知ることができる立場にいると言えます。

　そして、**機動力があるのも基礎自治体の強みです。**自治会や各種団体とのつながりもありますし、場合によっては、行政と一緒に動いてもらうこともできます。

　そうした基礎自治体の強みは、全国一律の政策を展開するときに活かされます。1999年に緊急経済対策として地域振興券が配られたときも、2020年に新型コロナウイルス感染症対策として特別定額給付金が支給されたときも、事務を担ったのは市町村でした。**国は政策を立ち上げ、そのための財源を用意するところまではできても、実施の段階では市町村に頼らざるを得ない**のです。

　しかし、**顔が見える関係は、強みである一方で弱みにもなり得ます。**

　規制を厳しくする際、国は全国一律の決め事としてある程度ドライに決めることができます。一方、**市町村では、それによって影響を受ける人たちの顔が浮かんでしまうため、なかなか思い切った規制に踏み切れない**ことがあるのです。

　補助金についても同様のことが言えます。

　国や県の補助は、市町村が補助をすることが前提で交付されるものがあります。この場合、補助をするかどうかは市町村の判断ということになりますが、このパターンの補助金では多くの自治体が参加していることが想定されるため、乗らないと議会や住民からの反発が予想されます。

　また、国や県が補助をやめたときに市町村が手を引こうとした場合、それが既定の路線であったとしても簡単には納得はしてもらえないでしょう。「隣の人まではよくて、何で私は駄目なんだ」と問い詰められると、なかなか厳しいものがあります。

◎乗る決意、乗らない勇気

　国・県の補助金に乗る場合、以下のようなことをチェックする必要があります。

・**国や県の補助制度がなくてもやるべきと考える事業かどうか**
・**近隣自治体がやっていなくてもやるべきと考える事業かどうか**
・**一定のタイミングで終了できる事業かどうか**

　おそらく、これまでもこうしたことは考えた上で補助事業に手を挙げてきたのだと思いますが、その際に十分な決意はできていたでしょうか。国・県の補助がなくなってもやり切ると最初から気持ちが固まっていれば、途中で抜けられてもそれほど動揺しないで済むはずです。また、国・県からの補助が続いていたとしても一定のタイミングで終了すると決めていたのなら、もうこちらだけの問題です。

　もちろん、最初から乗らないという選択肢もあります。「**補助がつくからやろう**」ではなく、「**補助がなくてもやるか**」と突き詰めて考え、**答えがNOなら手を出さないのが正解でしょう**。補助制度のことを知っている住民や事業者、議会などから「やるべきではないか」「他の自治体ではやっている」「みすみす補助金を逃している」などの批判がなされる可能性がありますが、それにひるまない気持ちを持っておくことが必要です。もちろん、補助制度に乗らない以上、市としてより意味のある取組みを進めているかどうかが問われます。

　国や県の補助がなくなったとき、「はしごを外された」と思うのではなく、「補助制度があった今までがラッキーだった」と思えるくらいがちょうどいいのかもしれません。

> **転ばぬ先のヒント**
>
> ## はしごがあってもなくても
> ## やるならやる、やらないならやらない。

② 「どんでん返し」にご用心

——会計検査院からの指摘

失敗事例………柔軟な運用が許されると思ったら…

　S県では、国の緊急雇用創出事業に関する会計検査院報告において、不当な使用についての指摘があったことを明らかにしました。県は、事業の委託先となっていた事業者と県を通じて補助金を支出した市町村の両者に返還を求め、それをもって指摘された金額を国に返還することになりました。

　ここでいう緊急雇用創出事業とは、リーマン・ショック後の急激な雇用情勢の悪化に対応し、緊急的に失業者の当面の雇用の場を確保するための政策として全国的に実施されたものです。国からの交付金により各都道府県が基金を設定し、その原資をもとに都道府県や市町村が地域の実情に応じた事業を立ち上げ、その事業を実施するために必要な人員として求職者を雇い入れることにより雇用を創出する、という仕組みでした。

　はじめはかなり厳密なルールで始まった制度ですが、使い勝手が悪いとの指摘もあり、徐々にルールが緩和されていった経緯があります。また、雇用者を少しでも増やしたいという思いが国にも自治体にも広がり、柔軟な運用がなされるようになっていきました。会計検査院での判断は、その柔軟さが公金を使う際に許容できる範囲を超えていたということなのでしょう。

ここがポイント

国の目玉政策として新しい補助金制度がつくられると、政策を進めたい省庁と住民サービスを向上させたい自治体の思惑が一致し、イケイケになるケースがあります。そして、事業を進める際、つい普段よりゆるい判断がなされることがあります。

そのときの空気や風潮に抗いがたい状況もありますが、後の会計検査のことは常に忘れないようにしましょう。

解 説

◎国が旗を振る事業に特有の事情

その時々の社会情勢に合わせて、国が大型の補正予算を組み、全国の自治体に対して補助金や交付金を交付することがあります。この事例で挙げた緊急雇用創出事業がその典型ですが、コロナ禍で各自治体に配分された新型コロナウイルス感染症対応地方創生臨時交付金にも似たようなニュアンスがあります。

こうした補助金等について、所管省庁は政策を進めるために「積極的に活用してほしい」と訴えます。**自治体ごとに決められた枠がある場合、政策効果を発揮するために、できれば使い切ってほしいと考える傾向もある**ようです。

自治体としても、こうした国からのお金はできるかぎり有効に使いたいと考えます。全国的な課題に対する補助金ですから、注目度が高く、効果的な活用について知恵が試されている面もあります。何より、**一般財源を使うことなく大規模な事業が打てることが大きな魅力**です。

こうした臨時的な補助金等については、活用する事業としてふさわしいかどうか、あらかじめ国や県に確認するケースが多いと思います。常設の制度ではないため、個々の事例に合わせた判断になるからです。

補助金の活用について問い合わせる場合、通常は厳しい制約があり、残念な答えが返ってくることのほうが多いものですが、**こうした臨時的**

な制度では、**往々にして事前審査はゆるくなりがち**です。短期間で成果を出す必要があるため、制度が活用できない事態を避けることが狙いです。

　そのような背景は、会計検査院の担当者も承知しているはずです。ですから、ある程度は斟酌されているのではないかと思います。それでも、客観的に見て規定から外れてしまっている場合、立場上見逃すわけにもいかないのでしょう。

　自治体側からすれば、国から頼まれたような形で実施した事業であり、補助金対象事業として妥当かどうかも個々に確認して進めたことなどを伝えて反論したいところです。もちろん、伝えるべきことは伝えるべきですが、それによって指摘内容が変わることはあまり期待できません。

◎後から振り返れば……

　各自治体において、後から当該事業を担当することになり、会計検査の対応を求められることとなった人からすれば、「そもそもこんな補助金、使わなければよかったのに」とか「国の実績づくりのために、いいように使われるからこうなるんだ」などと思われるかもしれません。

　しかし、後から見ればそうなのかもしれませんが、渦中にある段階では、国が強力に旗を振り、全国の自治体が取り組んでいる事業について知らん顔をするわけにはいきません。国から半ば「尻を叩かれている」状況で他自治体との競争心も煽られるなかでは、補助金を使わないという選択肢はほぼあり得ません。

　自治体としても、補助金を活用すれば、それまでやりたくてもやれなかったことができるとなれば、飛び乗るのも自然でしょう。

　となると、あとはやり方ということになります。

　簡潔に言えば、「**国のお墨付きがある事業であっても、運用は慎重に**」ということになるでしょうが、そう簡単な話ではないことも確かです。それでも、それしか言いようはなさそうです。

◎同じ過ちを犯さないためにできること

　緊急雇用創出事業については、多くの自治体において会計検査の指摘がなされました。指摘された側とすれば、「それはないよなぁ」と感じた人もいるでしょう。

　緊急雇用創出事業の後も、国が思い切り旗を振り、全国の自治体が右に倣えの格好で実施している事業がいくつもあります。これらも会計検査の指摘予備軍と言えるかもしれません。

　再発を防止するためには、**どんなに時間がなく、柔軟な運用が許されている状況であっても、公金を使うにふさわしいルールを定め、それをきちんと守るということに尽きる**と思います。ごく当たり前のことですが、これが徹底されていないために指摘されてしまうのです。

　国の施策を積極的に活用して、住民の利益にもなったのに、補助金の返還というオチがついてしまうと、やったこと自体の妥当性まで問われることになってしまいます。議会での説明も必要になるでしょうし、場合によっては責任問題にもなりかねません。

　大切なのは、**いずれ会計検査が間違いなく来るという前提で事業を進める**ことです。「会計検査が来るかもしれない」「来ないといいなぁ」ではなく「間違いなく来る」という前提で取り組みましょう。そうすれば、「まぁ、これくらいは大丈夫だろう」ということがなくなるはずです。「話が違う」と恨みごとの一つも言いたくなるところですが、言ってどうなるものでもありません。国の肝入りの事業については、柔軟かつ迅速に対応しつつ、立場の違う方が後で検査に来ることを前提に、万全の備えをしておきましょう。

転ばぬ先のヒント

恨みごとを言わなくても
済むような準備を！

③ タダより高い
ものはない
── 「ゼロ予算事業」の罠

失敗事例 ……… お金はかからないはず、だったのに

　H市では、町内会や商店街がイベントを行う際に、無料でテントを貸し出す事業を始めました。

　この事業はX社からの提案により始まったもので、X社が提供する広告入りのテントを使うことにより、無料での使用が可能となるというものでした。X社は、テントの搬入搬出までを行い、H市の持ち出しはなしという「ゼロ予算事業」でした。

　しかし、事業開始から数年経過した段階で、X社から条件を変更してほしい旨の申し出がありました。テントの無料提供は継続できるものの、搬入搬出にかかる経費までを負担することは難しいというのです。

　H市はそのことをテントを使用していた町内会等に伝えましたが、「無料で設置してもらえることを前提に事業を計画しているので、費用負担しなければならなくなるとイベント自体ができなくなる」とのことでした。議員からの働きかけもあり、H市ではテント設置費を予算化することとしました。

　X社は、テントの無料貸し出しは続けるというのですが、何となく釈然としません。

　事業者は、自治体に食い込むために様々な工夫をしてきます。その中の一つに、「初期費用を極力抑える」というものがあります。

　役所の仕事は、予算がないと動きません。裏を返すと、「予算を要さなければ比較的迅速に事業が進む」ということになります。そこで事業者は、初期費用なしでの取組みを提案してくるのです。

　無料に惹かれて飛びついてしまうと、「タダより高い物はない」という慣用句どおりの結果になりかねないため、注意が必要です。

解 説

◎1円入札

　一時期、超低価格による落札が問題となりました。

　主にIT系の入札で見られた現象で、普通に見積もれば数千万円かかるような情報ネットワークシステムの入札に、極端な低価格の札を入れ、落札してしまうというものです。

　通常見込まれる額の数分の1どころか、この下の額を入れられないように1円で入札する企業も見られました。これでは、落札しても数千万円もの損失を抱えてしまいそうですが、企業としてはもちろん成算があってのことです。

　まず、ランニングコストで儲けられると踏んでいる場合です。導入時は損失を計上することになるものの、その後、毎年必要になる保守費用や消耗品代で十分にペイできると判断しているケースがありました。

　また、一度入れてしまうと交換するためのハードルが高くなるため、最初の契約期間、例えば5年を経過した後も、ずっと付き合いを続けられると見込んでいる場合があります。

　役所での実績を作りたいために、思い切った金額を提案してくる企業もあります。役所のシステムを受注できれば、企業の信用度が高まり、ノウハウも蓄積されます。そうした効果を織り込み、赤字覚悟で超低価

格の札を入れるのです。

　低価格で落としても、その後の運用が順調なら問題にはならなかったはずですが、現在は最低制限価格を設けて、低価格入札ができないようにしているところが増えています。これは低価格入札による弊害が生じたことを示していると言えそうです。

◎ゼロ予算事業

　自治体の事業には、「ゼロ予算事業」と呼ばれるものがあります。これは当該事業に対して特別な予算措置を行わず、職員の創意工夫によりサービスを提供しようとするものです。

　取り組んでいる自治体の事業内容を見ると、職員による出前講座の開設やボランティアスタッフの協力を得てのイベント開催といった事例が挙げられています。

　民間企業の方から見れば、「いやいや、職員が携わっている段階で人件費というコストがかかっているのだから、ゼロ予算でも何でもない」ということになるかもしれません。しかし、**プロジェクトごとに人件費を配賦する習慣のない役所としては、予算を伴わなければ「ゼロ予算」という扱いになる**のです。

　必要となる予算がゼロであれば、事業実施に向けたハードルは一気に下がります。そもそも予算を要さないため、財政部門はノーチェックで事業が始まる可能性があります。事業開始の決裁は取ることになると思いますが、その際にも「お金がかからないなら、どんどんやろう」という感じになるでしょう。

　こうしたゼロ予算事業のうち、民間企業が無償で試供品などを提供してくれるおかげで実施できるものがあります。また、広告をつける代わりに無料でサービスを提供するケースもあると思います。もちろん、民間企業にはそれを行う意味があるのです。それは純粋な社会貢献であったり、利用者の反応を探ることであったりします。

　その関係が持ちつ持たれつで実施できるうちはいいのですが、民間企業のサービスにもたれかかった事業展開にしてしまうと、企業が手を引

いたときに対応ができなくなります。

　また、一定の試行期間は無料とし、本稼働時には費用がかかるとなると、1円入札のときと同じ構図です。事業者を選ぶ公平性の観点からも問題があるでしょう。

◎協力しつつ、もたれかからない

　役所だけで何でもできる時代はとっくに終わっています。民間企業と協力し合って事業を展開していくことは重要です。そして、時には市の持ち出しなしに事業ができることもあるかもしれません。

　しかし、**民間企業がサービスを提供してくれる際には、何らかの意図があります。**「あるかもしれない」ではなく、「あるに違いない」のです。それが自然ですし、そうでなければおかしいと言ってもいいくらいです。

　その意図がどのようなものなのか、役所は冷静に推し量る必要があります。一緒に事業を行うパートナーの肚を探るようで気が引けるかもしれませんが、ビジネスなのですから、相手の狙いを汲み取ろうとするのは当然のことです。

　役所が始めた事業は、簡単には止めることができません。民間事業者はそのあたりのことも先刻承知しています。ゼロ予算で始めた以上、民間事業者が手を引いてもゼロ予算で続けられる仕組みとしておきたいところです。特定の民間事業者が手を引いたら途端に成り立たなくなるのでは、「もともとの事業設計が甘かった」と言わざるを得ません。民間事業者が手を引いた段階で終了すると決めておくのも一つの手でしょう。

　民間事業者としっかり協力し合いながら、もたれかかる形にならないように気を付けましょう。

転ばぬ先のヒント

目先の「タダ」に目をくらませられない。

④ 「引き返す」道筋もつけておく

── 民間委託の落とし穴

令和〇年度当初予算のヒアリングの席上、財政課と事業課の双方が渋い顔をしています。委託費が全体の経費を圧迫しているからです。

「委託費が前年度より10％近く上昇していますが、何とかなりませんか。去年も同じくらいの上げ幅でしたよね」

「委託先から見積もりを取ったのですが、人件費に加えて、原材料費なども上がっているので、これでもギリギリとのことでした」

「ここまで上がると、直営でやっていた頃のほうが安くできていたということになりませんか」

「今回の予算要求では、委託前の経費とちょうど同じくらいですが、来年度以降は逆転してしまうかもしれません」

効率化を目指して実施したのに、逆にコストが増えてしまっては何のための委託化なのかわからなくなってしまいます。かといって、今から直営に戻すのも現実的ではなさそうです。その業務自体をやめるわけにもいかず、財政課も事業課も頭を抱えています。

　一時期、公共団体の業務についてアウトソーシングすることが強く奨励されました。その目的は、専門的な知見を活用することができること、コストが削減できることの二つが主なものでした。自治体の職員定数を減らそうという動きもあり、そのための手法の一つとして使われていた面もありました。

　しかし、近年、コスト面での優位性が徐々に失われるようになり、委託化の効果に疑念が生じるようになっています。さらに、委託化によるマイナス面も意識されるようになってきました。

解　説

◎委託化が進められてきた背景

　自治体において民間委託化が進められてきた理由には、様々なものがあります。

　まず、**厳しい財政状況に合わせて効率化が求められた**側面があります。バブル崩壊後、民間の給料がズルズルと下がる傾向が起き、公務員の給料が相対的に高くなるという現象が生まれました。財政的に委託化の効果が認められ、民間に任せられるものは任せていこうという動きになったのです。

　自治体の職員の数を減らす流れが加速した時期があり、それも委託を広める要因の一つでした。単に職員の数を減らすだけでは業務が回らないため、いなくなる職員の穴を埋めるために業務委託が使われたのです。

　業務内容が高度化したため、その分野に特化した人材が必要になったという面もあります。典型的なのはITにかかる職員で、異動でたまたま配属になった自治体職員ではとても業務に対応できないといった場合に、委託化してサービスの維持・向上を図ろうとするものです。

　また、**指定管理者制度、PFI、包括的民間委託など、民間委託を行うための手法の整備が進んだ**ことも、委託化が進んできた背景の一つと言

えます。国をあげて、自治体業務の民間委託化を進めてきたといった格好です。

◎見えてきた限界

　民間委託を進めることが効果を上げ続けるためには、いくつかの条件があります。

　まず財政的には、**自治体が職員を雇用して直営で行うよりも、委託したほうが経費がかからないという前提**が求められます。一時、職種によっては自治体職員の給与が民間を大きく上回ったように考えられる期間があり、当時は委託の効果を疑いなく受け入れることができました。しかしその後、働き手不足や民間の賃金上昇により給与の差が埋まりはじめ、さらに消費税が10％に引き上げられたことにより委託費にその分が上乗せされ、財政的な効果が急速に縮小しつつあります。

　また、**常に適正な競争性が担保されるということも重要な条件**です。委託化すると、自治体はその業務に従事していた職員を減員してしまうことが一般的ですので、直営では対応できなくなります。そうなると契約更新時には受託側の言いなりになってしまう可能性がありますが、適正な競争性が保たれていれば、そうはならないと考えられます。新たな事業者に取って代わられてしまうかもしれないという危機感が業務の質を高め、委託費の上昇を抑えると期待できるからです。

　現状はどうでしょうか。

　業務によっては、財政的な効果を見出しにくくなっているのが実情だと思います。民間企業については、毎年度数％の賃上げがあるのがこのところの傾向となっており、直営と比較したときの優位性は無くなってきました。

　さらに、**特定の企業が長く受託していると、競争性が失われてくる**面があります。長く受けている企業にノウハウが集中してしまい、挑戦者が現れなくなる可能性があるからです。委託している期間が長くなると、自治体側からその業務を行う能力やノウハウが失われ、チェック機能がままならなくなる心配もあります。となると、受託事業者の言いなりに

なってしまう恐れもないではありません。

◎委託化のメリットを冷静に見直す時期

　当然のことながら、**業務を委託化することはその業務をよりよくするための手段の一つであり、委託化自体が目的ではない**はずです。新たに業務を委託しようとすると、その事務負担は非常に大きいため、委託化が実現すると何かをやり遂げたような気になってしまいますが、いくつかある業務執行手法の一つを選んだにすぎないことは忘れないようにしたいところです。

　苦労して委託化を進めた人からすれば、後戻りするのは避けたいと考えるのは十分に理解できます。それでも、実際の効果がどうなのか、しっかり検証することは必要だと思います。もし期待したような効果が上げられていない場合、やり方を見直すことが求められます。

　新たに委託化をしようとするなら、十分にメリットがあるか、冷静に見極めなければなりません。近隣市はすでに委託化しているかもしれませんが、ここ数年で状況が大きく変わっている可能性があります。経費節減効果など、**以前にはあったメリットが今は失われていることもあり得ますので、先行事例に飛びつくのは避けるべき**でしょう。

　委託した結果、業務水準が向上して市民がＷＩＮ、ビジネスチャンスを獲得できて事業者もＷＩＮ、最小の経費で最大の効果を上げられて役所もＷＩＮ、という三方良しでありたいものです。そうなっておらず、どこかにしわ寄せが行っているとすると、いつかうまくいかなくなるでしょう。状況の変化に合わせて、継続的な見直しが必要です。

> **転ばぬ先のヒント**
>
> # 委託化はそれ自体が目的ではない。

働き方改革に例外なし

──財政課の残業削減

失敗事例⋯⋯⋯⋯なかなか減らせない時間外勤務

　B市の財政課は、冬の間の時間外勤務が同市において規定する上限を超えたことで人事部門から警告を受けました。そして、来年度は必ず制限時間内に収めるよう、副市長からも注意が与えられました。

　特に問題となったのは、年末年始にかけての時間外勤務です。12月・1月の2か月間は、財政課の職員のほとんどが30時間以上の時間外勤務となり、100時間を超える職員も数名いました。そして、この状況はその年に限ったことではなく、ずっと慣習的に続けられてきました。人事部門はかねてからその改善を促してきましたが、一向に改善されなかったため、警告という強い表現で注意を促されることになったものです。

　財政課長は、冬場に業務が集中することは避けられないこと、年間で均せば時間外勤務はそれほど多くないこと、人員増を求めているが叶えられていないことなどを述べて反論したものの、理解は得られませんでした。B市では働き方改革を進めており、例外は認められないとのことです。

　抜本的に仕事の進め方を見直さないと、予算編成業務に支障が出ることになりそうです。

ここがポイント

　財政課が当初予算編成時に長時間の時間外勤務をするのは、ある意味当たり前の光景として受け止められてきました。1年間を見通した予算をつくるのですから忙しくて当然であり、ここが財政課の踏ん張りどころとされてきたのです。

　しかし、時代は働き方改革。長時間の時間外勤務を前提とした仕事の進め方はあり得ないと肝に銘じる必要があります。

解　説

◎財政課の冬は厳しい

　どの自治体でも、財政課は忙しい部署だと思われています。財政課に異動することが決まると、「大変だな」と同情の目で見られることになるでしょう。

　しかし、1年中忙しいわけではありません。忙しさのピークは予算編成作業をしている11月から2月くらいで、それ以外の月はそれほどでもないはずです。かつては決算統計事務を行う6月にもう一つの山があったようですが、財務会計システムが普及した現在、こちらはそれほどでもないでしょう。

　一般に、予算編成作業は10月ぐらいから始まり、各部署における予算見積作業を経て、11月・12月にヒアリングや財政課審査を行ったのち首長査定という流れになります。多くの自治体で、当初予算を審議する第1回定例会は2月の中旬以降に開会となり、そこから逆算すると1月の半ばには予算がほぼ固まっていなければ間に合わないため、そのタイムリミットに向けて急ピッチで作業が進められます。

　「頑張ったんですが間に合いませんでした」というわけにはいかないため、この時期は根を詰めた働き方になります。また、歳入規模を超える歳出予算を組むわけにもいかないため、どうしてもピリピリした空気になります。

議会が始まってしまえば、部長や課長はその対応で大変ですが、財政課の担当者は一息つけるようになります。

つまり、冬の間の3か月ほどが財政課の勝負所になっているのです。各地でこの働き方について見直しが行われ始めていますが、**季節労働者的な仕事のやり方が未だに続いているところがほとんどです。**

◎自治体の働き方改革

働き方改革は、2019年の「働き方改革を推進するための関係法律の整備に関する法律」施行に伴い、一気に加速した取組みです。この法律は、「働き方改革の総合的かつ継続的な推進」「長時間労働の是正と多様で柔軟な働き方の実現」「雇用形態にかかわらない公正な待遇の確保」を目指すものです。非常に幅広く、奥も深い内容ですが、ここでは長時間労働の是正に絞って見ていきます。

働き方改革では、時間外勤務の上限規制が導入されました。具体的な上限としては、月45時間かつ年360時間が原則とされ、繁忙期には単月で休日労働を含み100時間未満と決められました。民間企業では、これを上回る場合には罰則規定が設けられています。ただし、災害対応など「臨時の必要がある」と認められた場合には、上限を超えることが可能とされています。

自治体には、罰則規定こそ適用されませんが、基本的な考え方は同じです。つまり、**「原則として月45時間を超えることができず、やむを得ない事情があっても100時間を超えてはならない」**ということになります。当然のことながら、財政課も例外ではありません。

「年間を通しては360時間を超えないようにするし、予算編成業務は一年中行われるものではないので、12月や1月に100時間を超える残業になったとしても、『臨時の必要がある』と言えるのではないか」などと抗弁しても、「駄目なものは駄目」という判断がなされると覚悟すべきでしょう。予算編成作業は毎年あるものなので突発的とは言えませんし、業務量の多さも特別な理由とするには弱いでしょう。

役所は、**「決まりを率先して守るべき事業所」**と言えます。難しく見

えても、しっかり決まりに従っていくべきです。

◎時代の要請に応えるために

　私が初めて財政課に配属になったのは、かれこれ20年も昔のことになります。その頃、冗談めかしてではありましたが、冬の間は全然休みが取れないこと、多少熱があっても出てきてやりきるしかないことを伝えられました。いわゆる「昭和っぽい」感覚です。

　昭和的な考え方や物事の進め方には、良い面も少なからずあると思いますが、時代は変わりました。その要請に応えていかなければなりません。

　時間外を減らすためには、「**業務量を減らす**」「**仕事のやり方を見直す**」「**人員を増やす**」「**時期を分散する**」といった方法が考えられるでしょう。予算編成では、業務量を減らすことは難しく、財政課の人員を増強するというのも簡単ではなさそうです。となると、仕事のやり方を見直したり、時期を分散させたりといったことが有効になります。

　改めて、なぜ100時間に及ぶような時間外勤務になってしまっているのでしょうか。もっと省力化できること、所管課にやってもらえることなどはないでしょうか。なぜ年末年始を中心とした冬に時間外勤務が集中しているのでしょうか。もっと前倒しでできること、時期を分けて取り組めることはないでしょうか。

　財政課の職員は、どんなに厳しくてもきっちり予算を仕上げることに誇りを感じていると思います。先輩から受け継がれたスピリットのようなものもあるかもしれません。それはよくわかりますが、働き方改革を「仕事のやり方を見直すチャンス」として活用してはいかがでしょう。

転ばぬ先のヒント

「財政課だから仕方ない」はない。
「財政課の当たり前」を見直そう。

6 「自分の頭」で考えよ

——コピペ資料で赤っ恥

　2012年から2018年にかけて、日本は息の長い景気拡大局面にありました。拡大期間は71か月と、73か月続いた「いざなみ景気」に次ぐ長さでした。この間、賃金が十分に上がらないなど、実感に乏しい面はありましたが、景気が堅調に推移していたことは事実です。

　F市は、2015年度に向けた予算編成方針にこんな一節を入れました。「長引く景気後退局面に伴い、市税収入も減少傾向にある」。実はこの文章は、数年来書き込まれていたもので、コピペして使い回されていたのです。

　2015年の第1回定例会において、とある議員より、こんな質問を受けました。

「2015年度の予算編成方針の文中に、『長引く景気後退局面』という表現がある。実際には、アベノミクスにより長期的な景気拡大局面にあるにもかかわらず、こうした表現をした意図は何か？」

　実際には深い意図はなく、コピペしてしまっていただけなのですが、さすがにそうとも言えず、財政部長は苦しい答弁を迫られました。

ここがポイント

　予算編成方針に限らず、一定のまとまった文章を作る場合、前年の内容を参考にすることはよくあります。大枠が変わらなければ、まずはコピペし、その後に年次修正などを施していくということになるでしょう。

　しかし、漫然とコピペが繰り返されていると、一体何が言いたい文章なのかわからなくなってしまう傾向があります。立ち止まって自分の頭で考える癖をつけることが大切です。

解　説

◎決まり文句を疑え

　事例のように、日本がずっと景気後退局面にいると思い込んでいる人がいます。生活実感としてはそのとおりかもしれないので、生活人としてはそうした感想を持っても差し支えありませんが、**自治体の財政を担う立場にいる職員が、景気の拡大局面か後退局面かを見誤っていては問題**です。それでは正しい対策が打てないと考えられるからです。

　税収が伸びていない理由について現状認識を誤り「景気後退のためである」と分析してしまうと、「景気が回復すれば何とかなる」と勘違いする可能性があります。そうではなく、**景気は回復しているのに、それでも税収が伸びないのだとすれば、その理由を考えなければなりません**。産業構造によるものなのか、年齢構成によるものなのか。そこを見極めることが次の一手につながります。

　他にも「少子高齢化による民生費の増大」という表現をよく見かけます。この決まり文句も、ちょっと考えてみると「あれ？」と思うところがあります。

　まず、少子化と高齢化をひとまとめにしてしまっているところに首を傾げさせられます。少子化は生まれる子どもたちが減っている現象であり、高齢化は寿命が伸びて高齢者が増えている現象です。この別々の事象を一括りにまとめているところに「考えていない感」が出ています。

また、高齢化はともかく、少子化により民生費が増えるというのも何だか妙な話です。

　ちまたでよく言われている表現であっても、それが本当にそうなのか、自分の地域にも当てはまるのか、しっかり考える必要があります。

◎去年の決裁を疑え

　予算編成方針に限らず、役所のほとんどの文書は去年の内容の踏襲が基本だと思います。中には年度だけ変えてそのまま決裁に上げるケースもあるでしょう。手間がかかりませんし、去年の段階で確認がなされているはずなので間違いも少ないでしょうから、そのやり方を否定するものではありませんが、**一度立ち止まり、本当に間違っていないかどうか、自分の頭で考える**ことは必要でしょう。

　決裁の中には、法律や条例、要綱などの該当条項を根拠にしているものがあります。「○○法第×条第△項第◇号の規定により」というパターンです。機械的にそのまま写すのではなく、きちんと法令に当たって、条ずれなどが生じていないか確認するとともに、内容への理解も深めるべきだと思います。長年、前例踏襲で文書を作っていた場合、ひょっとしたら、何年間も間違った条文を引いていたという可能性もあります。

　予算編成についても、去年の内容の再確認は欠かせません。限られた時間で行う予算編成では、どうしても新規事業をどうするかということに時間が割かれがちです。数年来同じような要求がなされ、同じような金額が付けられてきた内容については、あえて触れないということもあるでしょう。しかし、新規事業に割り振るお金も既存事業についているお金も、同じお金です。去年どおりの要求だからOKで、新規は厳しく見るというのは理にかなっているとは思えません。

　去年の人は去年の人で一所懸命にやったのだと思いますし、そのことへの敬意は必要です。しかし、人は間違える生き物です。それに、1年経って状況が変わっているということもあるでしょう。

　去年の決裁については、大いに参考にしながらも、間違っているかもしれないという前提で見るべきです。

◎世間の常識を疑え

　世の中にはいろいろな「常識」があります。しかし、それはその時点でそう信じられているというだけのことで、不変の真実ではありません。**「常識は移ろいゆくもの」**と言えるでしょう。

　例えば、かつては、土地の価格は上がり続けるということが常識であり、そのために多くの自治体で土地開発公社による用地の先行取得が行われていました。競輪や競馬といった公営競技は、かつては自治体にとってのドル箱でしたが、次第に儲からないことが常識とされ、どんどん切り離されました。しかし、近年はウェブ投票によって息を吹き返しています。金利が０％台などということも、かつての常識では考えられなかったことでしょう。

　自治体経営においても、現在の常識を永久に正しいものと信じてしまうと、変化に対応できなくなります。

　ひょっとしたら、地方交付税制度が大きく変わるかもしれません。道州制が具体化されるかもしれません。

　将来を間違いなく予測することは不可能です。オリンピックが延期されるなどということを誰が想像したでしょう。しかし、たとえ先を見通すことができなくても、常識が間違っているかもしれないという前提を持ち、自分たちの頭で考え抜くことは常に心がけておきたいものです。

　まずは、当たり前に進めている日々の業務を見直しましょう。「あれ？」と思うことが少なくないはずです。若い職員、異動してきた職員の素朴な疑問を大切にしましょう。

転ばぬ先のヒント

考え続けると見えてくるものがある。

7 「段取り」を
おろそかにするな
── 予算の裏付けへの指摘

失敗事例⋯⋯⋯先走った制度の立ち上げ

　Y市では、年々人口が減少する傾向にあり、それに歯止めをかけるために各種の取組みを行っています。そのための一つの方策が移住者への手厚い支援で、「Y市に迎え暮らし続けていただくための補助金要綱」を定め、各種の取組みを行っています。

　その一環として、移住一時金や家賃の補助を行ってきましたが、移住希望者との懇談会において、「いろいろな支援は魅力的なのだが、仕事が決まらないと移住したくてもできない」との声が寄せられました。

　この意見を受け、Y市では、移住がなされた場合に就職活動に要した経費を市が負担すること、移住者を受け入れた事業者に対して賃金の一部を補助することを柱とした新たなメニューを追加しました。

　制度の内容は、好意的に受け入れられましたが、制度を立ち上げた直後の議会において、「予算の裏付けなしに行われたのではないか」との指摘を受けました。市側は、既決の予算の範囲内で執行すること、もし不足しそうな場合は補正予算をお願いすることを説明しましたが、今一つ理解は得られていない様子です。

ここがポイント

　地方自治法第222条は、「予算を伴う条例、規則等についての制限」について規定しています。ここでは、「予算を伴うこととなる条例は、必要な予算上の措置が適確に講じられる見込みが得られるまでは議会に提出してはならないこと」「それは規則や規程などでも同様とすること」が決められています。

　「適確に講じられる見込み」という表現が具体的にどのような状態を指すのか微妙な面はありますが、慎重かつ丁寧に対応すべきと考える必要があります。

解 説

◎予算の縛りは強い

　しばしば、「役所の仕事は融通が利かない」と言われます。その大きな理由の一つが、予算の縛りが強いことにあります。

　予算は年度単位で厳密に区分されます。これは、会計年度独立の原則と呼ばれ、「会計年度ごとに予算を編成し、当年度の歳出は当年度の歳入で賄われなければならない」というものです。この考え方に基づき、事業の執行にあたっていろいろな工夫が必要となります。

　例えば、委託契約を結ぶ場合、複数年度にまたがる契約は原則としてできません。年度をまたぐ契約をするためには債務負担行為などの設定をし、あらかじめ議決をもらわなければなりません。同じ1年間の契約期間でも、4月から3月までなら問題ありませんが、5月から4月までとなると債務負担行為の設定が必要となるのです。

　さらに、4月1日を契約日にするのにもハードルがあります。契約日を4月1日にするためには、当然それ以前に指名事業者を選定して、入札して、契約内容を確認して、という段取りが必要となるのですが、新年度が始まる前にそうした準備行為をすることに疑義があります。原則的には、そうした事務を行うこと自体に債務負担行為の設定が必要とい

37

うことになります。

　債務負担行為を設定するためには、議会の議決が必要であり大きな手間がかかります。しかし、大変でもやらないわけにはいきません。

◎予算の裏付けが問われそうな様々なケース

　事業の実施に予算の裏付けが必要であることは、役所では常識であり、知らない職員はいないはずです。しかし、普段の業務ではあまり意識していないのではないでしょうか。それは、継続して行っている事業については、あらかじめ必要な予算措置がしてあるためだと考えられます。つまり、**新規事業や事業のやり方を変える場合には注意が必要**です。

　例えば、審議会委員の構成を変えようとする場合、それに伴って支払う報酬の額が変わるとすれば、予算とセットで提案するべきでしょう。例年欠席者がいるなどの理由で予算に残が生じているため、委員の構成が変わってもおそらく従来の予算で賄えると見込まれても、増額するのが筋だと思います。

　当初5人で賄えると想定していた会計年度任用職員が、8人必要になると見直された場合、とりあえず既存予算で任用を行い、予算が足りなくなった段階で予算措置を行うというケースがあるかもしれません。タイミングの問題などでやむを得ないこともあると思いますが、本来であれば8人と雇用契約を結ぶ前に予算措置をするべきでしょう。

　手数料の科目で予算措置していた事業が、執行にあたって精査した結果、委託料のほうがふさわしいとなった場合、お金を移すことは当然ですが、補正予算までは必要ないと考えるのが一般的だと思います。一方、修繕料で見込んでいた事業が工事請負費のほうがふさわしいとなった場合は、補正予算が必要な気もします。このあたりは個々に判断していくしかなさそうです。

　予備費の使い方も悩ましいところです。予備費は、予定外の支出に備えるため、使途を特定せずに計上しているものであり、執行部側としてはできるかぎり柔軟に運用したいと考えているはずです。一方、議会側とすれば、フリーハンドを与えたわけではないので、災害発生時はとも

かく、それ以外の場合は予備費を使うことにはなるべく慎重であるべきと考える傾向があると思います。執行後、「本来きちんと予算を計上して行うべき事業であり、予備費はふさわしくない」と指摘される可能性もありますので、注意が必要です。

◎まずお金のことを心配する感覚を

　世の中、何をするにもお金がかかりますが、それは役所も同じことです。そして、お金を必要とする場合、きちんと予算として準備する必要があります。その場で現金が必要にならなくても、将来的な支出を約束する形になった場合、それもしっかりと予算化しておくことが求められます。予算化する場合、議決が必要になることが原則ですから、それに要する時間も考えておかなければなりません。

　事業所管課は、どうしても事業を動かすことに気持ちが行きがちで、予算措置については念頭になくなることがあり得ます。「新規事業だけど既存予算の中で対応できそうだから」「まだ支出額が確定していないから」「足りなくなりそうになったら流用するから」といった自分たちなりの理屈で予算措置を行わないまま事業を進めていく可能性があります。

　そこで、財政課が事業の実施を支える役割を果たさなければなりません。面倒でも、法令が求めていることなので、なおざりにするわけにはいかないのです。**何か新しいことを始めそうな動きがあったら、財政課として「予算の裏付けなしに始めてしまうと、のちのち大きな問題になりかねない」ことをアドバイスしましょう。**

　まずは予算の確保、これが基本です。

転ばぬ先のヒント

先立つものをしっかり確保しておく。

8 流行りものには気を付けろ
——ブームの終焉は突然に

失敗事例………飛び乗ったときがピークかも

　C市では、「ひこにゃん」や「くまモン」の成功に刺激を受け、ゆるキャラによる地域の活性化を目指して活動を続けていました。

　デザインは地域の住民から広く公募し、選考の際には著名人に審査を依頼しました。名称も公募し、着ぐるみが完成した後は、そのゆるキャラを市のイベントに積極的に参加させるとともに、YouTubeなどのSNSを活用してPRに努めました。

　その甲斐あって、市内での認知度は少しずつ上がったものの、全国的な知名度向上につながるほどの人気が出るには至りませんでした。そこでC市は、思い切って広告代理店にＰＲを委託することにしました。目指すはゆるキャラグランプリでの上位入賞です。

　しかし、ゆるキャラ人気はちょうどその頃から下降線を辿り始めました。広告代理店の仕掛けもあって、ゆるキャラグランプリでの順位は上がりましたが、実際の効果は目に見えるほどではありませんでした。グランプリそのものも終了してしまい、ゆるキャラ自体が何やら白い目で見られてしまっています。

　地域おこしが全国共通の課題になるなか、「ゆるキャラ」「B級グルメ」など、一気に人気が爆発するジャンルが生まれることがあります。そうなると、乗り遅れてはならじと多くの自治体が参入します。しかし、残念ながらそこで成功するのはごく一握りです。

　しかも、飛び乗ったときがブームの頂点で、あっという間に世間の熱が冷めてしまうかもしれません。

解　説

◎横並びはダメと言われるけれど

　自治体の施策は、横並びのものが多いと指摘されることがあります。どの自治体でも同じようなことをやっていて、個性がなく、面白みもないというのです。

　しかし、そう言われても、他自治体の成功例をただ見ているだけ、というのも難しいのが実際のところです。

　例えば、隣の市が地域の郷土食をB級グルメとして盛り上げる取組みを始めたとします。そして、大きな反響を呼び、B級グルメを目当てに人が集まるようになり、マスコミに取り上げられるようになったとします。そうなると、どうなるでしょう。

　おそらく、首長から**「うちも何かできないか」**という指示が出されることでしょう。どこの地域にも何らかの個性的な食べ物はあるでしょうから、それを同じように盛り上げられないかというのです。議会ももちろん黙ってはいません。一般質問で「当市でも何か取組みを進めるべきではないか」といった内容が取り上げられるでしょう。商店街や商工団体からも、「自分たちも何かやらなければいけないのではないか」といった空気が伝わってきます。

　こうなってくると、役所としても動かないわけにはいきません。**とりあえず流行に飛び乗って、まずは近隣自治体並みを目指す**ことになりま

す。その先のビジョンは後回しになりがちです。

　さらに、Ｂ級グルメやゆるキャラといったやわらかい事業だけではなく、ハード事業も、「周りにあるのならうちにもないわけにはいかない」的な発想で始められることがあります。地方の道路を走っていたら、突然、公立の豪華な体育館や音楽ホールに出くわして驚いた記憶がある方もいるのではないでしょうか。しかし、こうした施設にも流行り廃りがあり、しばらく経つと「何であんなものを……」と後悔することにもなりかねません。

　横並び衝動に抗するのは難しいですが、負の遺産となるとその取扱いも大変です。

◎他にもこんな流行が

　かなり古い話で、記憶されている方も多くないかもしれませんが、かつて「シティ・アイデンティティ」を策定することが広まった時期がありました。シティ・アイデンティティ、略してＣＩは、企業のコーポレート・アイデンティティに類するものです。企業版では、企業文化を明確に示すイメージやデザインを作り、それによって社会とのつながりを深めていく、といった具合に使われていました。役所も、「これからは文化の時代だ」ということで、その地域を表すキャッチフレーズを決めたり、シンボルマークを作ったりしました。今でも使われているものもあると思いますが、ＣＩの趣旨は共有されているでしょうか。そもそもＣＩがあることをご存知でしょうか。

　事務事業評価も一気に広がりました。三重県をはじめとする先進自治体の成功例を参考に、あっという間に日本中の自治体が取り入れる仕組みとなりました。見よう見真似でも始めることが可能で、大きな初期費用が必要ではなかったのが、一気に広がった原因の一つでしょう。

　ふるさと納税の返礼品も、はじめは一部の自治体だけが熱心に取り組んでいましたが、ある段階からレベルが違う感じで広がりました。直接お金が絡むだけに、本気度も飛躍的に高まっていったのです。

　流行りというと語弊がありますが、2000年前後は「地方分権」という

ことがよく言われました。知事会は積極的に情報を発信し、国に一歩も引かず、「闘う知事会」などと呼ばれました。また、国から県へ、県から市町村への権限移譲が盛んに行われたのもこの時期でした。あの頃の熱は、すっかり冷めているようです。

◎流行りが冷めても胸を張ってやりきれるか

　どんなものにも、流行り廃りはあります。それはどうしようもないことでしょう。また、自治体の性格上、他の自治体、特に近隣の自治体の成功例にあやからざるを得ない状況が頻発するのも、ある意味やむを得ないことです。

　しかしながら、だからといって振り返れば失敗例が累々と横たわっているというのでは困りものです。やはり、**流行りに乗るにしても、やる以上はしぶしぶやるのではなく、よそよりも少しでもいい内容でやるべき**でしょう。先進地を視察し、そこから取り入れられそうな部分だけを取り入れる、といったやり方では本気度が疑われます。

　そして、ひょっとして自分たちがその事業に飛び乗った後、潮が引いたようにそのブームが去ったとして、それでもやり続けられるかどうかは自らに問いたいところです。滅多に使われなくなって倉庫に転がっているゆるキャラの着ぐるみや、慌てて作ったものの、すぐに忘れられてしまったB級グルメのメニューなどは悲しすぎます。携わってくれた市民との信頼関係も壊れてしまいかねません。

　流行りが終わった後も胸を張ってやりきれるか、そしてそれにふさわしい人材を配置できるか。自治体の覚悟が問われます。

転ばぬ先のヒント

やり切る覚悟を持つ。

9 プロとしては
いただけない「勘違い」
── 地方交付税制度への誤解

　M市の財政課長は、民間から迎えた副市長の就任記者会見でいたたまれない思いをしました。新副市長の地方財政制度についての不勉強が露わになってしまったからです。事前の打ち合わせでは、議会を刺激することにもなりかねないので、就任会見ではあまり大きなことを言わず、まずはしっかり勉強するといった内容にしようと決めていたのですが、質問に答えているうちに気持ちが緩んでしまったようです。

　副市長は、M市の財政立て直しを目的に招かれました。コンサルタント経験が長く、金融の知識も豊富という触れ込みです。記者会見で、行政改革について問われた副市長は、こんなことを話してしまいました。

「自治体ではなかなかリストラが進まないと言いますが、それは当然です。だって、行革で経費を削減したらそのままそっくり地方交付税を減らされてしまうんですから」

　実際には、行革努力の分を交付税で減らされることはありません。会見後、地方財政制度をよく知る記者から、「あの程度の認識の人間を副市長として招いたのか」と言われてしまいました。

ここがポイント

地方交付税については、数々の誤解があります。わかりにくい制度ですので市民やマスコミの方が誤った理解をされるのは仕方がない面もありますが、職員や議員など、地方自治の関係者が正しく理解していないこともままあります。

単なる勘違いで済めばいいのですが、それによって政策がゆがめられてしまわないように注意が必要です。細部はやたらとややこしい制度ですが基本的な考え方はシンプルなので、きちんと押さえておくべきだと思います。

解　説

◎「頑張った分だけ交付税を減らされる」という誤解

地方交付税に関してはいろいろなタイプの誤解がありますが、最もありがちなものがこれでしょう。「地方が頑張ってもその分交付税を減らされてしまうので、地方が頑張るインセンティブがない」というものです。

この誤解は、おそらく、

普通地方交付税　＝　基準財政需要額　－　基準財政収入額

という式の解釈から来るものだと思います。

つまり、行革を頑張れば頑張るほど支出額が減るから基準財政需要額が減少し、歳入確保に努めれば努めるほど歳入額が増えるから基準財政収入額が増加し、結果、その両者の差し引きによって計算される交付税額が減ってしまうというものです。

これは一見その通りだと思えてしまうので、事例のように、行政職員でさえ勘違いしてしまうことがあります。実際には、**基準財政需要額はあくまでも基準なので、一定の基礎数値により機械的に算出**されます。行革努力で削減しても、逆に何年も見直しをしていなくても、結果は同じです。基準財政収入額も同じ考えなので、徴収努力をして収納率が上がってもそれを理由に交付税を減らされることはありません。ですから、

自治体の努力が交付税制度によってチャラになってしまうことはないのです。

一方、このことは、**当該自治体の財政状況が交付税額に反映されるわけではない**ことも意味します。苦しくなったら地方交付税に助けてもらえるといった淡い期待を持っても仕方がないということでもあります。

◎「臨財債は予算の不足を補う地方債」という誤解

臨時財政対策債（臨財債）は、2001年度の地方財政対策で時限的な措置として導入されました。しかし、その後、延長に次ぐ延長を重ね、いまだに継続されています。好ましいことではありませんが、これだけ長く続いてしまうと、ある意味定着したと言えるかもしれません。

臨財債は、財政課職員でも詳細に理解をすることが難しいほどややこしい制度です。そのため、世の中的にもその位置付けについて誤解を招いていることがしばしばです。例えば、当初予算額を伝える新聞記事などに、「歳入不足分については、赤字地方債である臨時財政対策債を発行して埋める」などと書いてある場合があります。歳入と歳出の乖離を臨財債で賄ったと理解されてしまったのでしょう。国が毎年度発行している赤字国債と同じような位置付けとして考えられてしまっているようです。

臨財債の説明としては、「国が地方公共団体に交付する地方交付税の財源不足に対処するため、その不足する金額の一部を一旦地方公共団体で借金をして賄っておく地方債のこと」といった内容になると思いますが、正直なところ、これでは何を言っているのかわかりません。要は「**交付税の一部であり、本来交付税で配るべきところその原資が足りないので、地方が肩代わりしていったん借りるもの**」といったところでしょうか。もともと交付税の一部ですから、その返済に係る費用については全額、後年度に交付税措置されることになります。

借金というとどうしてもイメージが悪いので、臨財債についてはできるかぎり借りるべきではないという意見もあるようです。しかし、臨財債の額は基準財政需要額と収入額の差額から導き出された額であり、こ

れを借りずに財政運営ができる自治体はあまりないと考えられます。また、交付税措置される地方債を借りないのは、理屈としてももったいない話です。もちろん、後年度に措置される交付税への信頼度が低いという面はありますが、全額借りるという判断が通常の考え方ではあるでしょう。

◎「うちがつぶれるなら他もつぶれる」という誤解

　役所の中には、あまり根拠もないのに、自分たちはしっかりやっていると妙に自信たっぷりなベテラン職員がいます。財政状況が厳しさを増している旨を伝えても、「もしうちがつぶれてしまうなら、他の自治体もたくさんつぶれてしまうだろう。だから、そんなことにはならない」と謎の余裕を持っていたりします。

　この自信の根拠は、「自分の自治体より財政力が弱いところはいくらでもある。自分の自治体がつぶれるようなら、そうした自治体はもっと苦しくなってつぶれてしまう。国はそんなことにはさせないだろう」という考え方のようです。これは、「財政状況が厳しい自治体にはそれに見合った交付税が交付されるはず」という誤解から来ているのでしょう。

　交付税は、財政力が弱いところにより多く交付されます。財政状況が悪いところに交付されるわけではありません。**どんなに財政状況が悪くても、財政力が強ければ交付税は交付されません。**結果、その自治体の財政が立ち行かなくなっても、交付税は面倒を見てくれません。

　地方交付税は、全国で共通のサービスが提供できるように設計されているものであり、危機的な状況に陥ったときのセーフティネットではありません。交付税に頼るより、財政力が強いことの利点を活かすべきでしょう。

> **転ばぬ先のヒント**
>
> ## 交付税の本質を押さえる。

「先入観・思い込み」からは逃れられない

　花巻東高校野球部で、現在メジャーリーグで活躍している菊池雄星選手や大谷翔平選手を育てた佐々木洋監督の言葉に、

「先入観は可能を不可能にする」

というものがあるそうです。「どうせできない」という先入観が、目の前の可能性を潰してしまうというのです。

　ちなみに、「先入観」という言葉について『広辞苑　第七版』（岩波書店）に当たってみると、「初めに知ったことによって作り上げられた固定的な観念や見解。それが自由な思考を妨げる場合にいう」とされています。

　どうやら、先入観に良い意味はなさそうです。「思い込み」も同様です。一方、「自分は先入観が強い人間だ」と思っている人はいないのではないでしょうか。また、「思い込んじゃうタイプなんだよね」と軽く言うことはあっても、「自分は思い込みに縛られている」と思っている人もいないでしょう。

　しかし、実際には誰にでも先入観や思い込みはあります。自分ではそのつもりはなくても、知らず知らずのうちに縛られていると考えたほうが良さそうです。

　であれば、その前提で行動することが得策でしょう。例えば、物事を判断するとき、第一印象や感覚だけで決めつけず、一歩引いてみるといいかもしれません。ちょっと自分を疑ってみたり、時間を置いてみたり。仕事でも、「これはこういうものなんだ」「前からこうやっているから」と決めつけるのは悪い傾向だと思います。

　これまでのやり方や去年の仕事を良い意味で疑って、自分の頭で考える癖をつけていきたいところです。

第 **2** 章

「見落とし・確認不足」
をめぐる失敗

① ミスゼロは無理でも執念を持って

──予算資料の誤り

失敗事例……チェック漏れで間違い続出

　I市は、予算書の内容に間違いが見つかったため、該当部分に正しい内容を記載したシールを貼って対応することにしました。そして、その修正箇所がかなりの数に上ってしまったため、間違いが発生した理由について、議会に説明しなければならないこととなりました。

　正式に提出する前の段階での修正だったものの、議会からは「議案書に貼りがいくつも生じているのはいかがなものか」と、厳しい指摘がなされました。

　間違いの内容は、ほとんどが基本的なチェックの漏れでした。例えば、一般会計から特別会計への繰出金において、一般会計側の繰出額と特別会計側の繰入額が1,000円合わないといったことが生じてしまいました。最終的に予算の調整をした際に、両者の整合を図ることを怠ってしまったのが原因ですが、初歩的なミスと言われても仕方がないところです。

　その他にも、文字の変換誤りなどがあり、苦労して作成した当初予算に審議前にミソがついてしまう格好となってしまいました。

```
┌─────── ここがポイント ───────┐
```

　当初予算書は、一般会計・特別会計を合わせて数百ページにも及ぶ膨大な分量となります。これだけの量になると、ミスを一つも出さないことは現実的にはかなり難しいと言わざるを得ません。

　しかし、議案に間違いがあったとき、分量が多いことは言い訳になりません。場合によっては、首長の陳謝や予算書の取り下げにもつながりかねません。しっかりしたチェック体制を設けて、間違いが起こらない仕組みづくりを目指しましょう。

```
          ┌──── 解 説 ────┐
```

◎ものとしての予算書作成

　財政課としての最も大きな仕事は、当初予算を作成することです。自治体の規模や予算編成の進め方にもよりますが、通常10月頃から始まって１月下旬頃に終了となるでしょう。

　予算編成作業の開始時期はいろいろ変えられますが、終了する時期は変えられません。なぜなら、第１回定例会に提出しなければならないからです。

　第１回定例会の開会日は自治体によって異なりますが、遅くても３月の頭には始まります。議員への議案の配布は開会日の１週間前、確認・校正する必要があるため、庁内への配布はさらにその２週間前、といった具合に計算してスケジュールを詰めていくと、当初予算書が出来上がっていなければならない時期が決まってきます。

　予算書を庁内で印刷している場合は、ある程度融通が利きますが、印刷を外注している場合はそうはいきません。期日までに納品してもらうには、そこから逆算した日程までに原稿を入れる必要があります。どこの自治体もバタバタした中で原稿作成をしていることでしょう。

　しかし、**どんなに忙しくても、間違いの言い訳にはなりません。**瑕疵のある議案を出してしまうと、首長の陳謝や、最悪の場合、議案を出し

直すといったことにもなりかねません。そうなってしまうと、どんなに工夫を凝らした予算を作っていても、悪い印象ばかりが残ってしまいます。実にもったいない話です。

◎予算書作成で注意すべきポイント

　残念ながら、どの自治体でも毎年のように予算書に間違いが生じていると思いますが、間違う箇所は年によってまちまちでしょう。ですから、「ここだけ気を付けておけばいい」といううまい話はありません。それでも、予算書作成において注意すべきポイントというのはあります。

　まず、**予算の本体部分については絶対に間違えないようにしましょう。**予算の内容については、地方自治法の第215条に列挙されています。つまり、歳入歳出予算、継続費、繰越明許費、債務負担行為、地方債、一時借入金、歳出予算の各項の経費の金額の流用の７つです。そして、歳入歳出予算については、「第１表　歳入歳出予算」によることになります。ここが間違っていると瑕疵のある議案ということになってしまいますので、全力でチェックしましょう。ここだけなら分量はそれほど多くないので、徹底的に確認できると思います。それ以外の部分も、もちろん間違ってはならないものの、説明書に当たる部分のため、やや罪が軽くなる面があります。

　では、間違いが多く生じるところはどこかといえば、やはり人間がつくる部分になるでしょう。ほとんどの自治体で予算書は財務会計のシステムで打ち出しているでしょうから、去年と変わっていないところなど、人の手が加わっていない箇所に間違いが生じる可能性はほとんどないものと思います。一方、**新しい予算科目の名称、各種説明書における文言や数字など、人間がつくった部分は往々にして誤りがあります。**

　なお、当初予算に関連して間違いが生じるのは、国も同様です。

　2022年度当初予算においては、総務省を発端として法務省、文部科学省、国土交通省でも予算の説明資料に誤りが見つかり、総理大臣が陳謝するという場面がありました。

　当初予算は膨大な情報量となるため、間違いを完璧になくすのは容易

ではありません。しかし、間違いが見つかったときの影響の大きさは常に頭に入れておく必要があります。

◎いろいろな目で見る

予算書の本体部分については、慎重に作成し、何度も見直すことで、間違いを生じさせないことが可能だと思います。しかし、説明書や予算資料までを含めたすべての部分で、一つの間違いもしないというのは、現実的に難しいでしょう。

だとすれば、間違いがあることを前提に、見直し・校正作業を工夫することによって、議員の手元に届くまでに手直しをする仕組みを考えるべきです。

まずは、多くの目で見ることです。つくった本人は間違っていないつもりでつくっているので、その人以外のできるかぎり多くの目で見直しましょう。**予算を出しているすべての課に見直しを依頼するのは当然として、財政課の経験者にも声をかけて、協力を依頼してはいかがでしょうか。**

また、校正作業には一定の時間を設けておきたいところです。忙しい中で行うため、日数を確保するのは難しいかもしれませんが、校正の時間が短すぎると腰を据えて見ることができません。何とか時間を確保するように努めましょう。過去に間違いがあった箇所や内容は一覧にまとめておき、そうした間違いやすいポイントは確実に潰しましょう。

予算書に間違いがあり、議会で陳謝するようなことになると、せっかくの苦労が水の泡になる感があります。予算編成作業の締めくくりとして、総力を結集すべきです。

転ばぬ先のヒント

執念を持って間違いをなくす。

②「うっかり」では済まされない

―― 議案の提出漏れ

失敗事例……議決を経ない契約の締結

　S市は、本来議決を得るべき財産の取得契約について、議決を経ずに契約を締結してしまったと記者発表しました。そしてこの契約を有効なものにするため、臨時議会を開催し、議会の議決を求めることになる旨を説明しました。

　これは、予定価格が2,000万円以上となる契約であったため、本来なら議会の議決を得るべき財産の取得に該当していたにもかかわらず、その点を失念して、契約を締結してしまったというものでした。

　この議案が提出された臨時議会では、複数の議員から厳しい質問が相次ぎました。
「なぜこのようなことが起きたのか、他にはないのか」
「本件の責任の所在はどこにあるか」
「再発防止策はどのように考えているのか」
といった具合です。

　担当部長は苦しいながらも何とか答弁しましたが、議会からの信用はすっかり失った格好となってしまいました。

通年議会制を採用している自治体以外、基本的に３月、６月、９月、12月の年に４回定例会が開かれていると思います。そして、それぞれの議会に必要な議案が提案されていることでしょう。

条例改正や補正予算のように、毎議会提案されるものについては忘れるという心配はあまりないものと思いますが、それ以外の突発事項については漏れが生じることもあり得ます。議決事項の幅は非常に広いので、「うっかり」というより、そもそもその案件が議決事項であることを知らなかったということも起こりそうです。

議決が必要な事項を議決していないとなると、大きな問題に発展しかねませんので、細心の注意が必要です。

解 説

◎議決事項

普通地方公共団体の議決事項については、地方自治法第96条に規定されています。

第１項では、お馴染みの条例の制定・改廃、予算、決算など、議決事項を具体的に列挙しています。「1　条例を設け又は改廃すること。2　予算を定めること。3　決算を認定すること。」といった具合です。これが延々と15号も続くうえ、なかには「権利の放棄」「重要な公の施設の長期かつ独占的な利用」「公共的団体等の活動の総合調整」といった役所人生で一度も絡むことがないような項目がいくつもあります。

しかも、第15号は「その他法律又はこれに基づく政令（これらに基づく条例を含む。）により議会の権限に属する事項」という内容ですので、実際には他にもまだまだ議決事項があることになります。

さらに同条第２項は、「普通地方公共団体は、条例で議会の議決すべきものを定めることができる」という規定です。総合計画に関することなど、各自治体において様々な議決事項が条例によって定められている

ことと思います。

　つまり、**議決事項は想像以上に多い**のです。覚えきれないほどあると言ってもいいでしょう。議決すべき内容を失念してしまったというと、あまり起こりそうもないことに思えるかもしれませんが、こうしてみると特別なことではなく、どんな役所でも起こり得ることだとわかります。ひょっとしたら、失念していてそれに気づいていないだけ、などということもあるかもしれません。

◎議会担当課の役割

　それぞれの自治体には、知事（市町村長）部局側で議会を所管している部署があります。都道府県レベルでは財政課、市町村レベルでは総務課といった名称の部署が担当していることが多いようです。参考にいろいろな自治体の事務分掌規則を見てみると、都道府県ではシンプルに「（都道府）県議会に関すること」と書いてあることが一般的で、市町村では「議会の招集及び議案提出に関すること」とされているようです。

　議会担当課は議案に責任を持つことになりますが、だからといってその所属が提出すべきすべての議案を網羅できるかと言えば、とてもそんなことはないと思います。**組織が大きくなればなるほど、目が行き届かなくなってしまう**ことでしょう。

　手続きの抜けや漏れを防ぐため、おそらく事務決裁規定において、重要案件は議会担当課に合議をするように決められているはずです。ですから、合議で回ってくればその段階で議案提出に向けた準備を始めることができます。しかし、議決事項であることに気づかないようなケースでは、そもそも議会担当課への合議が漏れている可能性が多分にあります。そうなると、フォローのしようがありません。

　議決が漏れてしまうケースは、うっかりという場合もあるでしょうが、そもそもその案件が議決事項に当たっていることに気づかない場合も少なくないでしょう。議会担当課の目に触れないまま埋もれてしまった事例もありそうです。

　議決すべき案件に漏れが生じたとなると、所管課はもちろんのこと、

議会担当課の責任も問われます。そうならないように手を打っておく必要があります。

◎漏らさない工夫

　議決を漏らしてしまったとなると一大事です。事後対応には、多くの労力が必要になるでしょう。やはり**大切なのは未然に防ぐための仕組みづくり**ということになると思います。

　まずは、できるだけ多くの職員に、正しい知識を身につけてもらう必要があります。議決の効果とはどのようなものなのか、議決案件とは何なのか、議決案件にはどのようなものがあり、実際にどのように運用されているのか。基本的なことから職員に伝えるべきでしょう。すでに管理職になる際の研修のカリキュラムとして取り入れられているかもしれませんが、そうした研修だけではどこか他人事のように聞いている可能性もあります。庁内広報紙やイントラネットなどを活用して、折に触れて情報を発信するとともに、**注意喚起を継続的に行うと意味がある**と思います。一度やったきりでは、あまり効果は見込めないでしょう。

　より強固な仕組みをつくるという点では、**各部に議会担当を置く方法**が考えられます。議会担当課が役所に一つだけではどうしても目が届かないところが出てきますが、各部に置けばかなりの部分をカバーできるのではないでしょうか。予算の取りまとめなどは部ごとに行っているでしょうから、議案でも同じような役割を担ってもらおうというわけです。

　なるべく多くの目で確認する仕組みをつくることが、漏れをなくすためのポイントになるでしょう。

> **転ばぬ先のヒント**
>
> ## 誰かに頼るより、漏れない仕組みを。

③ 確認は「しつこい」くらいがちょうどいい

── 交付金繰越手続きのミス

失敗事例······手続きの瑕疵を議員が追及

2022年、千葉県佐倉市は、新型コロナウイルス感染症対策で国から交付された地方創生臨時交付金に関して繰越手続きにミスがあり、市が総額約5億3,000万円を国に返還することを発表しました。

市によると、2020年度は3回にわたって計約19億円の同交付金を受け、このうち約5億7,000万円を同年度内に執行し切れなかったため、翌年度への繰越手続きを実施したものの、国への申告で記載金額のミスや確認不足があり、国へその一部を返還することになったとのことでした。市としては内閣府に救済措置を求めたとのことですが、認められなかったのだそうです。

市は、臨時議会を招集し、このことによって生じた国への返還金を計上した補正予算を提案しました。この補正を認めないと、今度は国から延滞金を求められるようになる可能性もあったことから、こちらは何とか可決されました。

しかし、非常に大きな金額となった今回の手続きの瑕疵について、議員からは責任を厳しく追及する声や二度と繰り返さない仕組みづくりを求める声が上がりました。

ここがポイント

　「新型コロナウイルス感染症対応地方創生臨時交付金」は、通常の交付金とはかなり性質が違うものでした。新型コロナ対策に日本中が翻弄されている最中に急遽設けられた交付金で、金額が巨大であり、さらに第一次、二次、三次と追加され、用途も広く認められました。繰越しができるという点は、融通が利く一方で、運用上のややこしさも生みました。

　新しい制度であり、ある程度の柔軟さは担保されていたはずですが、事例のケースはそれでも容認できない内容だったということでしょう。「多分、大丈夫」ではなく、徹底的な確認が必要と再認識させられる事例となってしまいました。

解　説

◎確認漏れでこんな例も

　2018年、和歌山県は前年度分の地方創生推進交付金において、国に提出する実績報告書に1,600万円の報告漏れがあり、交付金が減少したと発表しました。

　漏れがあったのは、中小企業の成長戦略などを図る「プロフェッショナル人材戦略拠点事業」と呼ばれる事業についての報告です。当該事業に関する交付金実績報告書を作成する過程で集計に漏れが生じたとのことですが、Excelの操作ミスといった事務的な要因によるものだったようです。職員数人でチェックしたものの、気づかないまま提出されてしまいました。その後、関係課の指摘により間違いが発覚し、国において本事業を所管している内閣府に相談したそうですが、集計漏れ分の交付金は受け取れませんでした。

　十分に確認したつもりでも、活字として紙に打ち出されてしまうと、どうしても正しく見えてしまいます。チェックの方法にも一工夫必要だったかもしれません。

中小企業を支えるための意義がある事業に積極的に取り組むための交付金であり、本来ならその成果について胸を張って報告できるところが、謝罪をしなければならない場面となってしまいました。

◎融通が利く場合、利かない場合

補助金を所管する省庁は、積極的な活用を各自治体に促します。効果を見込んで設けた補助金ですから、少しでも多くの自治体に使ってもらいたいと思うのが自然ですし、予算に残が出てしまうことは避けたいという心境にもなるでしょう。特に、**一定の政策を実現するために新たに設けられた補助金は、ぜひ活用してほしいと考えているはず**です。

そうした補助金については、国からいろいろな働きかけがあったり、誘導策が採られたりすることがあります。自治体側が「事情があって難しい」と答えると、「そこを何とか使ってもらえないか」といったお願いがなされるようなこともあるでしょう。首長への直接のプッシュということもありそうです。

こうしたケースでは、補助金の申請に際してかなりの融通が利くのではないかと思います。締切りの期限を少し猶予してもらえたり、補助の条件について自治体に合わせて解釈してくれたりといったことがあるのではないでしょうか。そこまでしてもらえれば自治体としても良い機会なので、ありがたく活用することになるでしょう。

ただし、そうした場合でも、常に自治体の都合に合わせてもらえるわけではありません。事例にあるような年度をまたぐようなケースについては、なかなか柔軟な対応はできないようです。国としても何とかしたいという思いはあるかもしれませんが、法令や各種規定をひっくり返すことはできないでしょう。

また、同じ補助金でも、従来から設定されているメニューについては原則どおりの対応が前提とされ、融通を利かせてもらえるようなケースはあまりなさそうです。

融通が利く場合と利かない場合を見極めるのは難しいので、基本的には利かないものと捉えて対応すべきでしょう。

◎ミスを減らすために

役所であれ民間企業であれ、事務的なミスを根絶するのは不可能だと思います。どれだけ慎重に確認を繰り返しても、人間がやることですからどこかで間違いは生じてしまいます。しかし、**ミスが出る確率を下げることはできます。**

まずは基本的なことですが、**複数の目で見る**ことを心がけたいところです。第三者に見てもらうというのも先入観なく確認するために有効な場合がありますので、隣の係の人などに協力をお願いするのもいいかもしれません。

一人にやらせすぎないのも大切です。事務の内容がブラックボックス化してしまうと、本人以外にはわからなくなってしまい、一人のミスが組織のミスとなってしまいかねません。確認段階からではなく、できれば申請書等を作成する時点から2人以上で関われるとより精度が増します。出来上がったものを確認するだけでは、間違えそうなポイントがわかりませんし、気持ちも乗りにくいでしょう。

時間を置いて確認する、というのも間違いを見つけるコツの一つです。書類を作って間がない段階では、その記憶が強く残っているので、チェックといってもそれをなぞるだけになってしまいがちです。一晩寝かせてから再度確認すると、見えていなかった間違いが浮かび上がってくることがあります。このテクニックを使うためには、余裕を持った進行管理が求められます。

書類の確認は退屈な作業です。しかし、間違ったままの手続きとなってしまったときのダメージを考えると、大切な工程であるとわかります。

転ばぬ先のヒント

誰だって間違える。

④ 「切る・削る」だけが能ではない

——特定財源の充当先がなく大慌て

　令和〇年度の当初予算編成における部長査定で、財政部長が渋い顔をしています。

「何とか歳入見込みの範囲に歳出を抑えたって聞いたけど、特定財源の充てどころまでちゃんと考えたのか」

　歳出を絞り込むことで頭がいっぱいだった財政課長は、「しまった」という顔をしています。

「特に、中心市街地の再開発事業については予定どおり進めていかなきゃ駄目だろう。都市計画税を充当する前提で事業計画を作ってるんだから」

　担当者としては、所管課と調整を行い、「ここは削っても何とかなる」というところに絞って手を入れたつもりだったのですが、都市計画税にまで考えが及んでいませんでした。

「他にも、削ることに気が行きすぎて、バランスを欠いている箇所がいくつかある。市長査定前に、全体をよく見直すように」

　市長査定まであと1週間。削った箇所の復活も含めて、もう一度洗い直しです。

ここがポイント

　財政課は、所管課から提出された要求書を査定し、予算案をつくることに責任を持ちます。

　一般に「査定」とはどういう意味かというと、「調査もしくは審査して決定すること」「金額・等級・合否などを調査した上で決定すること」と解されています。このようにもともとの査定という言葉は「調べて決める」という意味なのですが、予算編成において「査定する」とは「予算要求額を削る」という意味に捉えられているように感じます。

　もともとの言葉の趣旨どおり、切るというより、調べて正しい方向に導くような役割を担いたいところです。

解　説

◎所管課泣かせの査定

　予算編成作業を進めているなかで、どうしても歳入見込額にまで歳出を落としきれなくなってくると、苦し紛れの査定をしがちです。とにかく数字を落としたくなり、曖昧な根拠で金額を下げてしまうと、中途半端な予算をつけられた事業所管課が苦しむことになってしまいます。

　ありがちなのは、**積算根拠を積み上げて出された要求額を、ザックリ切ってしまうパターン**です。予算要求額が100でも実際の入札段階では90くらいになってしまうことが多いので、はじめから90に査定してしまうというやり方です。要求課としては、県が示す各種の単価を使って積算したにもかかわらず機械的に下げられてしまうと、議会などで金額の根拠が説明できなくなりますし、入札の場面でも予定価格を示すことが難しくなってしまいます。こうした場合、「いっそゼロにしてくれ」と言われることがあるのではないでしょうか。**予算をつけたのに所管からも歓迎されないのでは、実にもったいない話**です。

　査定の際には、国や県の補助金の基準額を見る必要がある場合や、後年度負担を意識しなければならない場合もあります。事例のように特定

財源の充当先として、一定額を確保しておく必要があるケースもあります。

　とにかく目先の予算をつくりたくなる気持ちはわかりますが、近視眼的にならないように注意したいところです。

◎財政担当の思いを伝える

　財政課は、予算編成の責任を担っています。翌年度の予算をしっかりつくるのは当然ですが、その先も見据えた対応が必要となります。

　全体としての予算の責任を負っている財政課ですが、予算を要求してくるのも、その予算を執行するのも事業所管課です。その意味では、若干の無力感もないではないかもしれません。しかし、「こうした予算にしていきたい」というメッセージを送り続けることはできるはずです。

　財政課から発するメッセージというと、財政の窮状を訴えるものが多いのではないでしょうか。「来年度は○億円の財源が不足する」「働き手の減少により今後は税収が伸びない」「貯金が底をつきかねない状況」といった具合です。もちろん、財政の実態を共有化することは大切ですから、伝えていく必要はあるものの、財政難を訴える言葉は、受け取る側とすると「またか」という感は否めないのではないでしょうか。

　「こんな予算にしましょう」といった少し違うメッセージを伝え、実際にその方向で予算編成をするというやり方もあって良いと思います。「環境政策を最優先とします」といった感じですが、あまり風呂敷が大きすぎると自分事である感じが薄れてしまう心配があります。もう少し具体的な内容、例えば「若手職員を育てるための予算を歓迎します」と伝え、人事担当課の研修費だけではなく、各課の視察旅費や書籍購入費の増額を促すといった具合です。

　具体的なメッセージとして伝えなくても、所管課は査定の内容で敏感に財政課の考え方を悟ります。「やたらと細かい査定をしてくる割に本質的なところはあんまり見えていない」「所管課の工夫に気を配ってくれない」といったネガティブな反応がある一方、「ちゃんと話を聞いて誠実に対応してくれた」「事業課の立場に立って予算付けをしてくれた」といったポジティブな受け止め方をしてくれることもあります。

所管課は、数字だけではなく財政担当の普段の態度からもいろいろなことを読み取っています。

◎予算にできること

「査定」という言葉を使いたくないという財政課の職員がいます。財政課が予算要求課を下に見ているようなイメージがあるので嫌だというのです。気持ちはわかります。財政課が偉いわけでも何でもないので、上からと捉えられかねない表現は避けたいということでしょう。

しかし、査定という言葉を使わないことはできても、実際にしなければならないことは変わりません。要求された予算について、「内容がふさわしくない」「効果が見込めない」「役割は終わっている」などと判断した場合、要求額を削ることになります。それを査定と呼ぼうと違う呼び方をしようと、やるべきことに変わりはないでしょう。

役所の仕事のなかで、予算は非常に重要なものです。予算が付き、議会で承認されると、公に認められた事業となり、額の大小にかかわらず、重みがぐっと増します。だからこそ、しっかりと査定することが求められるのです。**査定の目的は切ることではなく、適切な予算額を配分することであるはずです。**

予算が付くか付かないかには、首長の思いが反映されます。予算が付いた事業には、その自治体の進むべき方向性が込められています。反対に、予算が付かなかった事業は、どこかずれが生じていたのでしょう。

財政課は本能的に、要求額を削りたくなるものだと思います。しかし、自治体をあるべき方向に進めるためには、それにふさわしい予算にお金を付ける必要があります。喜んで、予算を付けたいものです。

転ばぬ先のヒント

思いを込めて査定する。
査定の目的は適切な予算総額を配分すること。

5

「屋台骨」の自覚を持って

──財政調整基金の積立て漏れ

失敗事例⋯⋯⋯損失はなくても信頼を損ねる

　2021年11月、三重県は2020年度決算において、約41億5,000万円を財政調整基金に積み立てる手続きを失念するミスがあったことを明らかにしました。

　県によると、財政課は県税収入の動向を見極めた上で財政調整基金に積み立てる予定でしたが、出納整理期間の５月末までに積み立ての事務処理をしていなかったのだそうです。この約41億5,000万円については「決算剰余金ととして財政運営に活用されるため、損失はなかった」とのことです。

　本件については議会において、「県税収入の見込みが立つのが難しかったというよりは、単なる事務的な遅延だったということか」との確認があり、県側は積立て忘れであった旨を説明しました。議会は、「財政を預かっている財政課がこれではちょっと心配になる」として、適正な事務処理を求めました。

　実質的な損害はなかったものの、財政への信頼を損ねる結果となってしまいました。

┌─────────────────────────┐
│ こ こ が ポ イ ン ト │
└─────────────────────────┘

　財政課は、事業を実施する課ではなく、スタッフ部門として事業の執行を補佐する役割を持ちます。そのため、その活動が直接的に市民生活に影響することはあまりありません。

　しかし、役所の財政全般をつかさどっているため、ミスがあった場合、その影響が広範囲に及び、最悪の場合、行政活動自体に支障をきたすことになる恐れがあります。複数の目で確認することを怠らず、基本を守り、慎重かつ丁寧に進めていく必要があります。

　　　　　　　　　　　解　説

◎財政課の扱うお金

　財政課は、直接大きな事業を実施することはないはずです。そのため、事業費という形ではほとんど予算を持っていないのではないかと思います。他所属の手前、消耗品費なども最小限に抑えられていることでしょうから、財政課を運営するための予算はごく小規模であるはずです。しかし、予算の調整に関する仕事を受け持っていますので、事業を行う費用ではなく、**所属自治体そのものを機能させるため、伝票上、非常に大きな額を動かすことがあります。**

　例えば、普通交付税については、県レベルとなると数千億円といった単位になろうかと思います。各種譲与税についてもかなりの額です。消費税率が引き上げられたことに伴って、地方に交付される地方消費税交付金も、非常に大きな額になっています。

　繰越金についても100億円を超える数字になってきます。100億、1,000億となると、大きすぎて現実感を失ってしまうような金額と言えるでしょう。

　地方債についても同様です。歳入としての地方債は、事業費の一定割合となりますので、大規模事業においては起債額も大きくなります。臨時財政対策債も都市部においては、非常に大きな金額が示されることがあります。桁間違いでもしたら大変なことになります。

歳出における公債費についても、ゼロがいくつ並ぶのかといった感じの伝票処理となるでしょう。

　事例にもある各種基金の積立てや取崩しについても、金額の単位は数十億円といったレベルとなります。

　財政を預かる課なので当然といえば当然ですが、財政課の扱うお金は巨額です。きちんと処理できて当たり前ですが、もし何らかのミスがあったら、場合によってはその自治体の基盤を揺るがすようなことにもなりかねません。

◎財政課の後ろには誰もいない

　事業課が大きな額の支出をする場合や、国・県に補助金を申請する場合などは、財政課に合議をすることになっている自治体が多いのではないかと思います。合議によってその事務の進捗状況を共有することができることに加え、何か不備があった場合、財政課が起案課に対して質問やアドバイスをすることができます。

　条例を作る場合は例規の担当課がチェックするでしょうし、工事契約を行う場合には契約担当課が事業課に成り代わって業務を担う仕組みが設けられていると思います。

　一方、財政課が起案側になる場合、それをチェックしてくれる部署はおそらくないのではないでしょうか。つまり、**財政課が間違っていたら、それがそのまま通ってしまう**という心配があります。財政課を支えてくれる存在はないのです。

　例えば、財政課の主要な業務の一つに地方債を起こすという業務があります。主に普通建設事業費の財源に充てることを目的として、毎年度かなりの件数をこなしていると思います。万が一、そのうちの1本でも忘れてしまったら大変なことになりますが、そうならないためにはおそらく財政課が漏らさずにやるしかないでしょう。事業所管課が気にしてくれる可能性もありますが、あえて、忘れていないかどうかを確認したりはしないと思います。

　財政課職員も人の子であり、絶対にミスをしないとは言い切れません。

しかし、扱っているお金の大きさから、一度のミスが役所の屋台骨までを揺るがすことになってしまう可能性もないではありません。

ミスをしない仕組みをつくるとともに、ミスが生じてしまった場合に何とか対応ができる備えをしておく必要があります。

◎お金の感覚を磨く

日本人は、大っぴらにお金の話をするのは、はしたないと感じることが多いようです。そのため、水面下で調整をしたり、それが主題ではないような体で額を決めたりすることがあります。

また、数字にこだわると、細かい、冷たいというイメージを持たれることが少なくないと思います。そのため、数字に関することについては、やんわり伝えることになりがちではないでしょうか。

しかし、財政課に配属されたとなれば、そんなことは言っていられません。お金の動きは何より大切ですし、事業の取捨選択においては数字がものを言います。常日頃からお金の感覚を磨いておくことが重要になります。

例えば、他の自治体が新しい施設をオープンしたという話があれば、いくらくらいかかったのか想像してみるのもいいでしょう。建設費が○○億円で、国と県の補助金が建設費の3分の1で、残りの事業費の75％分を起債で賄うとすると……といった感じです。すると、どのくらいの来場者がいないとペイできない、といったことも浮かんできます。

そうやってお金のことを考え続けることによって、間違った事務手続きをしていたり、抜けがあったりした場合、何となく違和感を覚えることができるようになるのではないでしょうか。

転ばぬ先のヒント

基本に忠実に、丁寧に。
お金の大切さに向き合おう。

6

1日違いで大違い

——年度区分の誤り

失敗事例——誤った会計処理が次々に発覚

　Ｃ市の監査委員は、収入・支出事務に関し、その所属するべき会計年度に関する行政監査報告書を提出しました。報告書によると、所属年度の誤っている処理が毎年のように行われていると指摘されています。

　収入においては、随時の収入については当該通知書等を発した日の属する年度とすべきところ、納期限を所属年度としていた事例や、随時の収入で通知書等を発しないものについては領収した日の属する年度とすべきところ、事実の発生した日の属する年度を所属年度としていた事例があったとのことです。

　支出においては、後納郵便料金にかかる前年度の使用分について、新年度の支出負担行為により支払っていた事例があったとされています。

　また、４月１日から５月31日までの出納整理期間中に、新規の支出負担行為や支出負担行為の増額が行われていたと推察される事例も散見されたとのことです。出納整理期間は決算を適切に行うための猶予期間のようなものですが、それを恣意的に使いすぎることについて戒められた形です。

> ## ここがポイント
>
> 　公共団体の予算は、単年度主義の原則が貫かれています。これは、予算にかかる議決は毎年度なされなければならないというものです。似たような概念に、会計年度独立の原則というものがあります。こちらは、一会計年度において支出する経費の財源は、その年度における収入によって調達すべきことをいいます。
>
> 　こうした原則は、予算を民主的に統制するために必要なものとされていますが、その弊害も指摘されています。しかしルールはルールですから、きちんと守らなければなりません。

解説

◎出納整理期間

　公共団体の会計年度は、毎年4月1日に始まり翌年3月31日に終わると地方自治法に規定されています。そしてそれとは別に、「出納は、翌年度の5月31日をもつて閉鎖する」との規定もあります。この会計年度終了後の4月1日から5月31日の出納閉鎖までの期間を、出納整理期間と言います。**この期間は、前年度と今年度の二つの年度の予算を扱うことになるため、属する年度を間違えないように注意が必要**です。

　会計年度の考え方は当然ながら民間企業にもあります。1月始まりや4月始まりなどそれぞれの企業によってバラバラですが、12か月を年度として決算するのは公共団体と同様です。違いは、出納整理期間の有無ということになります。民間企業では、あらかじめ決められた期日で年度が終了したら、次の日からはすっぱり年度が切り替わります。

　出納整理期間は、会計年度末までに確定した債権債務について、現金の未収未払の整理を行うために設けられた期間であり、すでに経過した年度の歳入調定や支出負担行為を行うことはできないとされています。このことは自治体の職員なら常識として知っていますが、実際の運用においては4月以降になって前会計年度の収入や支出としなければならな

いような内容が生じることがあります。こうした案件については、実務上はある程度柔軟に対応していることと思いますが、厳密に考えると微妙な面があるケースもありそうです。

◎3月31日はいつまで?

　歳出の会計年度区分については、地方自治法施行令第143条に以下のような規定があります。

・地方債の元利償還金などは、その支払期日の属する年度
・給与その他の給付は、これを支給すべき事実の生じた時の属する年度
・賃借料、光熱水費、電信電話料などは、その支出の原因である事実の存した期間の属する年度。ただし、その支出の原因である事実の存した期間が２年度にわたるものについては、支払期限の属する年度
・工事請負費、物件購入費など相手方の行為の完了があった後支出するものは、当該行為の履行があった日の属する年度
・前各号に掲げる経費以外の経費は、その支出負担行為をした日の属する年度

　出納整理期間は５月31日までとされていますが、あくまでも会計年度は３月31日までであり、３月31日までに支出負担行為を起こさないとその年度の支出にはできません。しかし、３月31日まで業務をしているものなどについて、その日のうちに金額を確定させることは実務上不可能ですから、後日請求されることになります。そのため、４月に入って請求書が届いた段階で金額が確定し、支出負担行為を起こすことになります。ここで支出負担行為の日付を実際に起票した日にしてしまうと次年度の処理となってしまうため、３月31日付で起こすことになります。
　その結果、**請求の日付が遅れると３月31日が延々と続くことになってしまう**のです。場合によっては、５月に入ってからも３月31日付の伝票を切っていることがあるかもしれません。役所っぽいやり方ですが、関係のある事業者はもう慣れているでしょう。

◎柔軟に、しかし原則はゆがめず

　年度が３月31日に終わるという規定を字面通り厳密に解釈すれば、４月に入ってから前年度予算での支出負担行為は切れないことになります。しかし、すでに書いたとおり、地方自治法施行令第143条において、光熱水費や工事請負費などについて、会計年度区分の解釈が規定されており、個々の状況に合わせて前年度予算での処理とすることもあります。

　このこと自体は、法令に規定されているとおりであり当然の処理なのですが、運用をルーズにしてしまうと事例に挙げたようなことが起こりかねません。具体的には、３月末に終了すべき工事が長引き４月に工期がずれ込んでしまったにもかかわらず、３月の日付で請求をしてもらうとか、４月に入ってから急遽依頼した業務について前年度予算で処理してしまうといった具合です。これらの対応は法の趣旨と合致していないと言わざるを得ません。

　年度末の支出などについて、臨機応変な対応が求められるケースが生じることもあると思います。その場合、ある程度柔軟に対応したほうが業務もスムーズに回りますし、事業者側も助かるということがあるでしょう。しかし、**原則を曲げてまで対応してしまっては法に背いていると言われても仕方ありません。**

　役所の単年度主義は、その弊害を指摘する意見が少なくありません。確かに課題も数多くあると思いますが、それを是正する法律が整備されるまではきちんと対応するのが役所としてあるべき姿でしょう。

転ばぬ先のヒント

年度の区分は慎重に。

⑦ 「知らない」では済まされない

——世にも不思議な地方交付税制度

失敗事例……理解不足で過年度交付金を返還

　R市は、普通地方交付税について、算定に使用する基礎数値のうち、生活保護費医療扶助受給者数の報告数値に誤りがあったため、過年度に交付された交付税を返還することとなったと発表しました。3年に一度、定期的に行われている県による交付税検査のなかで、誤りが発覚したとのことです。

　返還の額は10億円を超える多額のものになっていますが、その額を用意して返還するのではなく、検査の翌年度の地方交付税と相殺する形になります。市は、財政調整基金をやりくりして対応するので市民生活には影響がなく、生活保護行政も今までどおりであると説明しています。

　もらいすぎていたものを返すだけなので、本来財政への影響はそれほどないはずかもしれませんが、過去に交付を受けた交付税は一般財源として使ってしまっていますので、実際には大きなダメージです。

　減額分を相殺するために活用せざるを得ないことから、財政調整基金が底をつく形となり、早くも次年度予算編成に暗雲が垂れ込めてしまいました。

　普通地方交付税の算定には、自治体から人口や面積をはじめとしたありとあらゆるデータが「基礎数値」として集められ、そこから個々の団体の交付税額が積算されます。

　集められる項目は何百にも及び、求められる数値も解釈に微妙な点があるため、そこに間違いが生じることはあり得ることとしてあらかじめ制度に盛り込まれています。ここまで詳細な数値が必要なのか、首をひねりながら対応している自治体職員も少なくないことと思います。

解　説

◎地方交付税法による規定

　普通地方交付税における算定に間違いがあった場合の対応については、地方交付税法第19条に以下のように規定されています。つまり、**錯誤が生じることはあらかじめ織り込み済み**ということになります。

・普通交付税額を通知した後において算定の基礎に用いた数について錯誤があったことを発見した場合(当該錯誤に係る数を普通交付税の額の算定の基礎に用いた年度以降5年度内に発見した場合に限る。)で、当該地方団体について基準財政需要額又は基準財政収入額を増加し、又は減少する必要が生じたときは、錯誤があったことを発見した年度又はその翌年度において、それぞれその増加し、又は減少すべき額を当該地方団体に交付すべき普通交付税の額の算定に用いられるべき基準財政需要額若しくは基準財政収入額に加算し、又はこれらから減額した額をもつて当該地方団体の当該年度における基準財政需要額又は基準財政収入額とすることができる。

・普通交付税の額の算定の基礎に用いた数について錯誤があつたことを発見した年度又はその翌年度においては、交付年度分として交付を受けた普通交付税の額が交付を受けるべきであつた普通交付税の額に満

たないときは、当該不足額を限度として、これを当該年度の交付税から交付し、交付年度分として交付を受けた普通交付税の額が交付を受けるべきであつた普通交付税の額をこえるときは、当該超過額を限度として、これを返還させることができる。ただし、返還させる場合においては、その方法について、あらかじめ、当該地方団体の意見を聞かなければならない。

◎補助金的に使われる交付税

　国が政策を誘導しようとする場合、法令による方法と財政による方法の二つがあります。法令による誘導は強力ですが、これを実施するためには相当な時間と労力を必要とします。そのため、**多くの場合、財政による政策誘導が行われる**ことになります。

　財政による誘導の際に使われるのが補助金です。「○○事業を実施すれば、かかる経費の一定割合の補助金を交付する」というパターンが一般的です。そして、特別交付税も同じような使われ方をする場合があります。

　例えば、東京オリンピック・パラリンピックにおいてかかる経費については、「東京オリンピック競技大会及び東京パラリンピック競技大会に係るホストタウンとして登録された市町村による交流計画の実施に要する経費のうち特別交付税の算定の基礎とすべきものとして総務大臣が調査した額に0.5を乗じて得た額」を算定基礎とすることとされました。

　財政的な援助を確保してもらえるのなら、補助金でも特別交付税でもどちらでも構わないようなものですが、「特別交付税は一般財源でありそもそも使い道を特定されないものであること」「特別交付税は交付税総額の６％とされていて上限が決められているため、実際に要した経費に見合う額が交付されるとは限らないこと」といった課題があります。

　また、政府は、マイナンバーカードの交付率を、地方交付税の額に反映させる方針を打ち出しました。住民がカードを取得した率が高い自治体には、交付税の配分を増やすというのです。交付税は基準財政需要額が大きいほど交付額も増えるはずですので、これではマイナンバーが普

及している自治体のほうが経費がかさむと言っているようなものです。しかし、この場合理屈がどうのではなく、マイナンバーの普及が目的で、交付税は口実に使われているにすぎないのでしょう。「自治体固有の財源」への扱いとしては寂しい限りですが…。

◎ 必要なときに少なくなる交付税の原資

　大ヒットドラマ「半沢直樹」のなかで、銀行についてこんな風に表現するセリフがあります。それは、「銀行は晴れの日に傘を貸して、雨の日に取り上げる」というものです。企業の調子がいいときにお金を貸して、調子が悪くなり本当に必要になったときには回収に回ることを揶揄した言葉です。

　地方交付税は、景気が悪くなり、税収が減るようなときこそ必要なものです。銀行の例で言えば「雨の日」に当たるでしょうか。そんなとき地方交付税はどうなるでしょう。

　地方交付税の原資は、所得税・法人税の33.1%、酒税の50%、消費税の19.5%、地方法人税の全額と決められています。これらは雨の日には縮小することになります。つまり地方交付税は、必要になればなるほど原資が不足するのです。**足りない分は借金をして賄うことになっていますが、当然足りなくなる仕組みになっている**と言えるでしょう。

　地方交付税の額は、個々の自治体の財政状況とは基本的に無関係に決定されますから、財政が悪化しているときに交付額が減らされるということも当然起こり得ます。こちらについては、もともと地方交付税とはそういうものなのだとわかって財政運営をするべきところですが、今一つ釈然としないものもあります。

転ばぬ先のヒント

交付税の仕組みをよく知っておく。

8 先が見えない制度の 先を読む

―― 地方交付税の見込み違い

失敗事例 ┈┈ 上にもハズレ、下にもハズレ

　K市は、令和〇年度第4回定例会において、地方交付税の減額補正を行いました。20億円を見込んでいたところ国から示された額は15億円であったため、提示された額に合わせたものです。

　議会では、「なぜ、5億円もの見込み違いが発生したのか」「当初予算編成の際、無理な数字を計上したのではないか」といった質問が出ました。財政課としては、例年どおりのやり方で積算したのですが、結果的にかなりの食い違いが生じてしまい、対応に追われる結果となりました。翌年度の予算編成では、前年度の反省を踏まえ、地方交付税についてはより保守的な計上をしました。すると今度は、前年度とは逆に見込んだ額を10億近く上回る金額が提示されました。

　去年とは反対に増額補正を行ったところ、議会からは、「去年は減額、今年は増額と、2年続けて交付税の見込みが外れた原因は何か」「予算編成時、危機感を煽るため、わざと少なめの額を計上したのではないか」との質問がありました。2年連続で大きく予測が外れたため、交付税の積算に関しては信頼を失ってしまった格好です。

┌─────────────────────┐
│　　　ここがポイント　　　│
└─────────────────────┘

　現在、95％以上の自治体が普通交付税を受けているいわゆる交付団体であるため、交付税額をいくらと見込むかは、予算編成上非常に重要なポイントであり、財政課の腕の見せどころの一つです。

　過大に見込んでしまって交付額がそこまでいかないと、財政運営に大きな支障をきたしてしまうため、通常は堅めに見積もります。しかし、あまりにも堅く行きすぎて交付税額が大幅に予算額を上回ってしまうと、それはそれで問題です。

　交付税の見積りは、財政課泣かせと言えそうです。

解　説

◎改めて地方交付税とは

　地方交付税は、地方の固有財源であるとされています。**その目的は、地方団体間の財源の不均衡を調整し、どの地域に住んでいても一定の行政サービスを提供できるよう財源を保証することです。**

　普通交付税は、「基準財政需要額 － 基準財政収入額」の式で計算することとされており、需要額は人口・世帯数や面積、道路延長などの客観的な数値で算定されます。収入額は、実際に入ってくる額の見込みから算定します。

　こうした前提からは、交付税の額がブレることはあまりないように感じられます。今年の交付税額がわかっているわけですから、そこから計算すれば、次年度の額も算定できそうに見えます。

　しかし、実際にはなかなかそうはいきません。交付税額は個々の自治体の財政不足額の積み重ねというわけではなく、交付総額を決めてしまってからそれを分配する形をとります。その結果、**それぞれの財政状況と交付額がちぐはぐになることがあり得る**のです。

　一般に、交付税を受けるようになると「交付団体に転落」といった表現をされることがあります。しかし財政課とすると、それまでもらえな

かった交付税がもらえるようになるのは大変ありがたいことです。

◎交付税の見込み方

　普通交付税の次年度予算額を見込むために、それぞれの自治体でいろいろな工夫を行っていると思います。独自の方法で行っている自治体もあると思いますが、大きく分けると次の二つの道になるでしょう。

　わかりやすいのは、**今年度の交付額と国から示される次年度交付税の総枠から概算額を導く方法**です。例年夏に総務省が「地方財政の課題」と題した資料を公表します。その中に、「地方財政収支の仮試算」という表があり、概算要求時における次年度予算の概略が示されます。交付税の前年度増減比較も示されますので、今年度の交付額にその伸び率を掛ければ概算額を算出できます。12月になれば「地方財政計画」が示され、より詳細な増減がわかるので、改めて積算することになるでしょう。

　もう一つの方法は、**普通交付税算定の公式どおりに、需要額と収入額を計算し、その差引額を予算額とするもの**です。この方法の場合、収入額はそれほどのブレなく見積もれますが、需要額をどう見込むかがポイントです。補正係数などで読み切れない面がありますから、詳細に計算しようとしても、ある程度の精度以上は突き詰めても仕方がないでしょう。あくまでも概算額を出すのが目的ですから、深追いは禁物です。

　この二つの方法で導き出された数字を突き合わせ、さらに経験から来る「勘」のようなものを加味して、予算額を確定することになります。しかし、どれだけ丁寧に積算しても、予算額とかなり相違が出てしまったり、何年もいい線を行っていたのにある年から急にブレ始めたりと、交付税の予算積算に頭を悩ませている自治体も少なくないのではないでしょうか。

　交付税は地方固有の財源とされています。にもかかわらず次年度の額さえわからないというのは、交付税の大きな欠点の一つだと思いますが、当面は今の運用のまま変わりそうにありません。

◎交付税との付き合い方

　地方交付税制度には、臨時財政対策債の取扱いなど数々の課題があり
ますが、「予見性が低い」という点に不満を持つ人も少なくありません。
とにかく先が読みにくいのです。財政の担当者は特にそう感じているの
ではないでしょうか。自治体の基金が積み上がっていくことに国は不満
のようですが、交付税への信頼がもっと高ければ、基金に貯め込もうと
はしないはずです。

　自治体に交付される額が、個々の自治体の財政状況とは基本的に関係
なく積算されるのも何とも言えないところです。そのため、財政状況が
非常に厳しいときに交付税が減らされ、比較的余裕があるときに増やさ
れるといったちぐはぐなことも起こり得ます。

　交付税については、制度の見直しをしっかり行うべきだと思いますし、
地方分権を進めるためにはそこを避けては通れないでしょう。しかし、
それがいつになるのかわかりません。であれば、**あるべき制度との違い
を嘆いていても仕方がないですから、現在の交付税制度と正面から付き
合うほか道はありません。**「あれ？」という点はいくつも出てくるでしょ
うが、それはそれとして。

　**交付税制度を調べれば調べるほど、地方財政制度の仕組みを深く知る
ことができる**と思います。それは、予算編成や日々の財務事務にも生き
てくるはずです。

　その上で交付税の次年度予算を見積もっても、やはり外れるときは外
れてしまうと思いますが、それも勉強と割り切って精度を高めていきま
しょう。精度の高い自治体にそのコツを聞くのも一案です。

転ばぬ先のヒント

交付税と向き合う。

「見落とし・確認不足」の
ゼロは無理でも

　どこの会社でも事務的なミスをしたら責められるでしょうが、役所は特にその傾向が強いと思います。間違いがないということがすべての前提ですので、ミスをしてしまうと議会や住民から厳しく追及されます。そのため、民間の方からすると過剰と思えるほど慎重であったり、確認に時間をかけたりすることがあります。そうした仕事の進め方は、「お役所仕事」と揶揄されますが、役所にもそうせざるを得ない事情があるのです。

　結果として、役所においては単純なミスの数は少ないはずだと思います。役人には無謬神話というものがあるくらいなので、絶対に間違えられないという気持ちでチェックしていることでしょう。

　それでも、見落としや確認不足はなくなりません。「慣れ」から来るものであったり、単純な「うっかり」であったり、確認の仕方に不十分なものがあったり、原因は様々ですが、ミスは必ず生まれてしまいます。

　「これだけ大量の業務をこなしているのだから、少しくらいのミスは仕方ない」と開き直りたくなりますが、それを言ってはおしまいです。そもそも役所の人間が、ミスが出ることをはじめから認めてしまってはどうしようもありません。では、どうするべきでしょうか？

　見落としや確認不足をなくすための特効薬はありませんが、できる限り仕組み化したいものです。例えば、「忘れないようにする」のではなく、「忘れられないようにする」仕組みです。具体的には、「メモを取る」「自分以外の誰かと共有する」「パソコンやスマホのリマインダー機能を活用する」「忘れる前にすぐに取り掛かる」といった方法が考えられます。他にも、確認不足を回避するためにあらかじめチェック項目を決めておくなどの仕組み化が機能する可能性があります。

　執念と仕組みの両輪が、見落としや確認不足が生じる可能性を限りなくゼロに近づけてくれるのではないでしょうか。

「油断・過信」
をめぐる失敗

① 失くすのは情報だけではない

──USBメモリ紛失

失敗事例………再々委託先社員が持ち出し紛失

　USBメモリの紛失事件が、全国の自治体で頻発しています。なかでも世間を大きく騒がせたのは、2022年6月に発覚した尼崎市での事例です。全市民約46万人分の情報が入っていたこと、情報の管理や事業者との委託関係が適切でなかったことなどから、ワイドショーでも取り上げられる騒動となりました。

　事件の経緯は、以下のようなものであったと報じられています。

　委託事業者の男性が、とある場所でUSBメモリにデータを保存し、かばんに入れてコールセンターへ運び、他の社員らとデータを更新したそうです。その後、男性はUSBメモリをかばんに入れたまま居酒屋で飲酒、泥酔して路上で寝込み、かばんごとなくしてしまったというものです。

　さらに、紛失した男性が再々委託先の社員であり、再々委託が行われていることを尼崎市が知らなかったとしたことから、騒動は大きくなってしまいました。

　幸い、USBメモリは間もなく発見され、情報が漏洩した形跡もないとのことですが、尼崎市は大きなダメージを負ってしまいました。

ここがポイント

　委託事業者との関係は、ある意味、信頼関係の中で成り立っている面があります。しかし、その中で「慣れ」といったものが生じてしまっていたのではないかと考えられます。厳密な管理が求められる個人情報の取扱いについては、日頃から細心の注意を払い、慎重の上にも慎重を期す対応が必要であると痛感させられる事例です。

解　説

◎後を絶たない情報の漏洩

　尼崎市の事例は、全市民分という規模の大きさや泥酔の後の紛失、委託関係をめぐる思わぬ事実の発覚など、わかりやすい条件が揃ってしまったために全国的なニュースとしてマスコミを騒がせましたが、どこの自治体でも起こり得ることですし、実際に起きていることでもあります。

　尼崎市の事例では臨時特別給付金に関する情報でしたが、ネットで検索してみると、いろいろなケースでの紛失が起きていることがわかります。もちろん、財政課の業務でも同様です。財政課では個人情報を扱うことは多くないかもしれませんが、個人情報でないから大丈夫とはなりません。

　業務にかかる情報を、USBメモリという物理媒体に保存することが可能な時点で、紛失の可能性をゼロにすることは難しくなると言わざるを得ません。また、個人情報を取り扱う仕事を、職場とは違うところで行うことも大きなリスクです。そうしなければならない仕組みを変えていくということが一番ですが、それは言うほど容易くはないでしょう。

　情報の漏洩が起きてしまうと、市民に大きな迷惑と損失を与えてしまううえ、組織運営にも大きなダメージとなり、マスコミ対応なども含め、業務に支障を来すことになります。そうしたことは理解されているでしょうし、情報の取扱いについてはどの自治体も「セキュリティポリシー」を定め、その厳密な運用に心がけていることと思います。しかしそれで

も、人間のやることなので、繰り返し似たような事例が起きてしまっているのが実情です。

◎一般的な対応策

　USBメモリをはじめとする記憶媒体の取り扱いについては、あらかじめその対応策が定められていることと思います。具体的には以下のように取り扱われているのではないでしょうか。

① 個人情報は持ち出さない

② 原則として個人情報は記憶媒体に保存しない

③ 個人情報を記憶媒体に保存しなければならない場合、そのことを情報管理者に届け出て、しっかり記録する

④ 原則として記憶媒体は外部に持ち出さない

⑤ 記憶媒体を持ち出さなければならない場合は、そのことを情報管理者に届け出て、細心の注意を払って保管する

　大量のデータを扱う業務の場合、そうした仕事に長けた民間事業者に委託するケースが多いと思いますが、その際にも同様の取扱いを求めているはずです。

　さらに、個人情報を取り扱う範囲が広がりすぎないように、原則としての再委託の禁止、再委託する場合の届け出の義務化、個人情報取扱責任者の指定、個人情報を取り扱う社員の名簿の提出、といったことが行われていることと思います。

　つまり、対応策はすでに一定程度取られているはずなのです。しかし、USBメモリの紛失事例が後を絶たない現状から勘案すれば、こうした対応策は決して十分なものではないと言えそうです。**さらに進んだ、もしくは別の角度での対応策が求められている**と考えるべきでしょう。

◎再発防止策（同じ過ちを犯さないためにできること）

　個人情報を記録したUSBメモリの外部への持ち出しが、少数の不心得者によるものであったり、単なるうっかりであったりするのなら、再発防止策は立てやすいと思われます。

　つまり、「個人情報の外部記憶媒体への保存は禁止」というルールをつくり、それでも心配なら「外部記憶媒体への保存ができないパソコンに入れ替える」というハード的な対応をすればいいからです。

　しかし、現実には、こうした対策ではうまくいかないでしょう。なぜならUSBメモリの持ち出しはやむにやまれぬ事情によって起きていると考えられるからです。仕事が終わらないために持ち出さざるを得ないのが実情だとすれば、そこを見ないでルールだけつくっても、ルール違反が地下に潜るだけになってしまいます。

　この問題を元から絶つためには、**仕事を持ち帰らないで済むような働き方にする**ことが求められます。好き好んで仕事を持ち帰る人はいないでしょうから、職場できっちり終わらせられるような体制が取れれば、それが一番の再発防止策ということになります。委託する際にも、無理なく業務が終わるような仕様とすべきでしょう。

　とはいっても、家で作業することが当たり前のこととして染みついている職員もいると思います。特に学校の先生にはこの傾向が強いようです。家でやったほうが速いし、そもそも持ち帰らなければ終わらないという状況は理解できますが、外に持ち出してしまえば、紛失・盗難のリスクから逃れることはできなくなります。**その際に失うのは個人情報だけではなく、自治体としての信頼**です。

　まずは、「記憶媒体を外に持ち出すのは本来あり得ないことである」という認識を共有することから始めるべきかもしれません。

転ばぬ先のヒント

守れないルールより、
根本を絶つ仕組みづくりを！

第3章　「油断・過信」をめぐる失敗

2 「見られている」と自覚せよ

── 財政課職員の態度にクレーム

失敗事例⋯⋯⋯上からの言動に苦言を呈される

　I市の財政課には、課長以下8名の職員が在籍しており、うち5名が予算担当となっています。新卒の職員はいないものの、20代、30代の職員も複数いるフレッシュな顔ぶれです。

　予算編成の際のヒアリングは、財政課長と所管課の課長を交えて行いますが、その後の細かい調整は基本的に担当者が進めます。財政課の担当者が所管課に乗り込んで、侃々諤々やり合うことも珍しくはありません。

　予算編成も佳境の12月。とある課の課長が財政課長を手招きしています。何かあったのか聞いてみると、財政課職員の態度へのクレームでした。今年から担当になった職員の態度が不評だというのです。

　「いきなりやってきて、『こんなやり方、民間では考えられない』とか、『少しは財政状況も理解してもらわないと』とか言われたら、そりゃベテランの職員は怒るよ」

　財政課長は、状況を確認してみることを約束して、お引き取りを願いました。そんな態度をとる職員ではないはずなのですが⋯⋯。

ここがポイント

　財政課の職員は、色眼鏡で見られがちです。「金のことばかり考えている」「目先のことしか見えない」「現場を知らない」という感じです。

　そうした先入観があるからでしょうか、態度や振る舞いにも否定的な声が寄せられることがあるようです。「偉そう」「上から目線」というものです。自分たちではそんなつもりは全くなくても、そう見られやすいことは知っておきましょう。

解 説

◎お金を握っている強み、握られている弱み

　財政課がお金を握っているのは事実です。それは事務分掌上でそうなっているだけで、「お金を握っているから偉い」ということは全くありません。ですが、「お金がないと事業ができない」というのも本当のところなので、ある種の権力を持っているとは言えるのでしょう。財政課の職員が、いわゆる「ヒラ」の身でありながら、事業所管課の課長や係長と渡り合うことができるのもこのためです。

　上とか下とかではなく、財政課が金を握り力を持っていること、だからこそ所管課も財政課担当者に丁寧に説明しようとしてくれていること、そうした状況を快く思わない職員がいるかもしれないことは理解しておきましょう。

　一方、現場を知り、事業を動かしているのは事業所管課です。市民にサービスを提供しているのも所管課ですし、事業を進める上での喜びや苦しみを味わっているのも所管課です。そのことについては、自負も誇りも持っているでしょう。

　だからこそ、お金を握っている財政課に複雑な思いを抱くものだと思います。**自分たちが動かなければ事業は進まない、ただし、予算を認めてもらえないと動くことができない**という関係性に、モヤモヤしたものを感じることもあるでしょう。

それを踏まえて、財政課職員に丁寧に事業内容を伝えようとする職員と、妙に偉そうな態度を取る職員に分かれてしまうようです。どちらのタイプに財政課職員が好感を持つか、どちらの態度で接したほうが予算が付きやすいか、それは自明でしょう。

◎財政課のこんなところが見られている

　財政課の担当者は、どんなところを見られているのでしょうか。

　新卒でいきなり財政課に配属された人以外は、旧所属で財政課職員のことを見ていたはずですから、そのときのことを思い出してください。

　所管課の職員は担当になる財政課職員について、「偉そうな奴じゃないといいな」と思っている人が多いと思います。**人間的に偉いわけではなく、単に予算を担当しているだけなのに、上から来られたら嫌な思いになるのは当然**です。では、偉そうにしていると思われないためにはどうしたらいいでしょうか。

　まずはあいさつです。担当になった段階でしっかりとあいさつしに行くのはもちろんのこと、普段の折衝の場面でも相手に対して気を遣いましょう。どんなに親しくなっても、「お忙しいところ、お時間をいただき、ありがとうございます」という一言は忘れないようにしたいところです。

　もちろん、言葉遣いや態度にも要注意です。財政状況などについて、「どうしてこんなことも理解していないんだ」的な言い回しや振る舞いは御法度です。口に出さなくても態度に出てしまうこともありますから気を付けましょう。**もし財政状況が伝わっていないのなら、それは財政課の伝え方が悪いのであり、所管課を責めるよりむしろ自らを反省すべきで**しょう。

　財政課職員は、担当となった所属の業務内容についてしっかり勉強しているかどうかもチェックされています。例えば民生費の担当になったとすれば、福祉の制度について一定以上の理解をしていることが求められます。介護保険にしても生活福祉にしても、細かく見ていくと非常に深い世界であり、これらの制度のスペシャリストになるのは難しいものの、少なくともお金に関する部分については、所管課の職員と渡り合え

るようになりたいところです。お金を握っているのですから、その分野を勉強するのは当然の責務です。

◎信頼を生む行動

　所管課職員は、財政課職員がちゃんと勉強しているかどうかチェックしていると書きました。よく見ているだけに、しっかり勉強している職員への評価は高まります。**勉強しない職員、知ったかぶりしかしない職員は、すぐに見切られます。**

　事業所管課にとって現場は大切な場所です。そこを知らずに予算がどうこうと言われると釈然としないものが生まれます。逆に、そうした場所にこまめに足を運んでいれば、実態を知ることができるうえ、事業所管課からの評価も上がります。担当している部で施工中の工事現場や施設の運営状況など、折に触れて見学に行きましょう。役に立つ話を聞かせてもらえることもしばしばです。

　担当部課が開催している各種お祭りやイベントにもできるかぎり参加しましょう。仕事で行くというより、一参加者として楽しめばいいと思います。

　予算要求内容について調整するときは、打ち合わせ相手の役職に気を配りましょう。先方が課長も出席すると伝えてきたら、財政課も原則として課長が参加したほうがいいと思います。係長級が出る場合も同様です。所管課がそれには及ばないと辞退してきた場合は別ですが、先方が課長が出ると言っているのに、それを当然と思うようになっているとすると、危険な兆候です。**謙虚さは決して忘れてはいけません。**

転ばぬ先のヒント

財政課は見られている。

3 他力本願での 予算削減は無理筋

—— 自治体版事業仕分けに批判噴出

失敗事例……そのやり方、納得できません!

　D市では、財政危機に対応するため、「D市版事業仕分け」を導入しました。制度の運営は、自治体の行政改革に実績があるとされるコンサルタント会社に委託し、仕分け人としては企業経営者や大学教授などを招きました。

　仕分け当日、仕分け人は、それぞれの事業について問題とされるところを指摘し、説明員となっている市職員を厳しく追及しました。矢継ぎ早の質問に職員がうまく対応できないケースもあり、あきれたような顔をする仕分け人もいました。

　仕分け結果は、多くの事業について「廃止」とする厳しいものであり、事業に大ナタを振るいたい財政部門の思惑どおりでした。

　しかし、現場も経緯も事業の実態も知らない仕分け人が、短時間で結論を出すやり方に批判が噴出し、「議会軽視も甚だしい」と主張する議員も大勢出る騒ぎとなりました。

　市長は、「仕分け結果はあくまでも参考意見にすぎない」との見解を発表せざるを得ない状況となり、結局すべての事業が継続されることになりました。

┌─────────────────────────────┐
　　　　　　　ここがポイント

　一時期、国を含め事業仕分けの手法が全国に広がりました。それまで
しっかりした議論がなされないままに継続されてきた事業について、公
開の場で議論を行うということの意義はあったと思われますが、大きな
財政的な効果を得た自治体はあまりないようです。

　事業の廃止・終了といった大きな意思決定を、第三者に依存した形で
進めるのは無理があったということでしょうか。
└─────────────────────────────┘

　　　　　　　　　　　　解 説

◎「事業仕分け」とは

　事業の意義をできるかぎり客観的に評価し、それを次年度以降の予算
編成につなげていこうとする工夫は、自治体ではかなり以前から進めら
れていました。

　先駆けとなったのは、北川知事在任中の三重県での取組みで、1995年
頃に事務事業評価システムとして導入されました。個々の事業について、
「顧客の目線で、成果志向によって見直す」という発想は当時の公共団
体にとっては非常に新鮮なものであり、全国の自治体で評価制度の導入
が相次ぎました。

　事務事業評価は、個々の自治体の状況に合わせて様々な進化を遂げ、
専門家による外部評価を行う自治体も増えてきました。そうした動きの
中で始められたのが事業仕分けです。もともとは自治体の取組みの一つ
として行われていましたが、2009年、民主党政権下で国の取組みとして
導入されて一気に注目を集めました。蓮舫議員の「2位じゃダメなんで
すか？」という言葉は一種の流行語のようになりました。

　事業仕分けの原則は、**個々の事業について、外部の視点によって、そ
もそも必要かどうかを、公開の場で、ゼロベースで議論する**というもの
です。仕分け人が理詰めで事業の本質に迫っていく様子は、劇場的な面
白みもありました。

国の取組みが大きな評判を得たことを受け、逆輸入するような形で事業仕分けに取り組む自治体が急増しました。

◎自治体での事業仕分けがうまくいかなかった理由

事業仕分けが民主党政権下で行われ、大きな反響を呼んだのが2009年。翌年の2010年以降、国の取組みに刺激を受けた自治体が「自治体版」として各地で事業仕分けを始めました。公開で行われることが原則のため、自治体でも当然公開で行われ、当初は大勢の傍聴者が訪れる例もありました。しかし、かなり早い段階でその勢いは収まってしまい、注目度は大きく下がり、傍聴者も激減したところが多いようです。

それでも、進め方をアレンジして継続的に取り組んだ自治体や期待どおりの成果を上げた自治体もありますが、多くはうまくいかず、ひっそりと幕引きすることとなりました。

自治体版事業仕分けが思うように行かなかった理由としては、いくつかの要素が挙げられるでしょう。まずは、**自治体側の準備不足**です。実施時期が決まり、そこに間に合わせるためにフォーマットを取り入れることに注力するあまり、本質的なところを見失っていた感があります。フォーマット自体にも、大きな意思決定を下すのに対して仕分け時間が短かすぎる、現場を見に行くこともしない、など欠けているところが少なからずあったように思います。

また、**自治体特有の要素を十分に見極めていなかった**面があります。自治体は、市民と行政の距離が非常に近いことが特徴です。突然、「不要」の烙印を押されてしまっては、それまで一緒にやってきた市民としては納得できるはずがありません。国以上に仕分け結果が及ぼす影響が大きく、政治的な争点になってしまう傾向もありました。

さらに、**一部の仕分け人に、適格性に欠ける方がいた**ように感じます。担当者をやり込めることに熱心な方、完全に上から目線の方、傍聴者に対してウケることを目的としているような方などが散見され、本質的な議論に至らないケースが見られました。

◎事業の終了は自らの手で

　国の仕組みをそのまま取り入れたような形での「自治体版事業仕分け」は残念ながら機能しませんでした。しかし、独自の工夫を取り入れながらその自治体に合った形で外部評価を続けたところもありました。具体的には、「**仕分け人を他の自治体の職員に依頼する**」「**傍聴の市民にも評価に加わってもらう**」といった取組みです。

　機能する仕組みを工夫することは大切ですが、事業の廃止を含めた大切な意思決定を単に外部任せにしているようなやり方ではうまくいくとは思えません。公開の場で、客観的な事実をもとに本音の議論を行う、というもともとの事業仕分けの考え方は自治の基本ともいうべき正論ですから、それを活かしつつ、責任は自治体側でしっかり持つという姿勢を示すべきでしょう。「仕分けで言われたから廃止」「仕分けで言われたけれど市民の反発が強いから継続」と芯がないふらふらした対応では、すぐに見透かされます。

　長く続いている事業、お世話になっている人が携わっている事業、周りの自治体でもやっている事業などを廃止するのは大変です。そのため、外の力を借りたくなる気持ちはわかりますが、**大切な決定であればあるほど、他力本願ではいけません。**

　時代が大きく変化している中で、新しい事業を立ち上げる必要があります。そのための予算や人員を割り振るためには、既存の事業に切り込む必要があります。それを進めるのに、外部の力で何とかなるといったうまい話はありません。最初は難しく思えますが、正攻法で立ち向かうのが、結局は近道なのでしょう。

> **転ばぬ先のヒント**
>
> ## 厳しい決断は自らの手で。

④ やめるのは、始める よりも難しい

── イベント事業がずるずる継続

失敗事例……単年事業のはずだったのに

　Ｙ市では、複数の課に点在している周年記念事業の「しまい方」に頭を悩ませています。

　首都圏近郊都市として戦後急速に発展したＹ市は、古くからこの地域で暮らす住民と他地域から移り住んできたいわゆる新住民を、いかに融合させるかが大きな課題でした。

　そこで市では、節目となる周年ごとに多くの市民が参加できるイベントを立ち上げ、それを求心力としてまとめていくことを試みました。市政施行30周年に市民音楽祭、35周年に市民球技大会、といった具合です。

　それらの事業は、始めるときは単発の周年事業で終わらせるはずでしたが、イベントが成功し、関わった人から継続を求められ、予定を変更して続けることとなりました。

　回数を重ねていくうちに、それぞれのイベントは定着していきましたが、参加者が固定化し、市民の一体感を高めるという当初の目的からは遠く離れてしまいました。また、運営を仕切る事務局の仕事も、徐々に担い手がいなくなり、今では役所が丸抱えで実施するようになっています。

```
ここがポイント
```

　何かの記念に単年度事業として始まったはずの事業が、いつの間にか回数を重ねていくというのは、よくある話です。

　事業を終了しようと関係者に打診すると、長く携わっていた方には愛着があり、強く抵抗されるケースがあります。役所側としても、それまでお世話になっていた面もあり、むげに終わらせることもできず、何となく続いてしまうのです。

```
解　説
```

◎イベントが生まれ、育っていく流れ

　市制施行何十周年といった節目の年には、それにふさわしい事業を実施しようという機運が生まれます。きっかけは議会からであったり、首長からであったりと様々ですが、何もしないという判断に至ることはほとんどありません。

　「何かやる」ということだけが決まっている場合、その中身については「市制施行50周年事業実行委員会」といった組織を立ち上げ、そこで検討するといったパターンがあります。実行委員会は、自治会組織や、商工団体、文化・スポーツ団体の長などで構成されることが一般的でしょう。

　その実行委員会でうまく話し合いが進めばいいのですが、いわゆる「えらい人」ばかりがメンバーとなっている場合、なかなか決まらないということがありがちです。そうした場合、役所の事務局が何かアイデアを出すか、実行委員会を構成している団体のどこかに何とかお願いする、といったことになります。

　頼まれて中心に据えられた団体は、意気に感じ、いいイベントにするべく奮闘するでしょう。そしてイベントが終了した段階では、大きな達成感を覚えるとともに、**「これを1回だけで終わらせるのはもったいない」**という空気になることがあります。

周年記念事業で行われる事業は、スポーツ大会でも音楽祭でも食のイベントでも、その地域の特性を活かして行われることになるはずです。となると、地域活性化のためにも観光PRのためにも、継続が望まれるという流れになりそうです。

　事業を主催するのは、普段から地域で活動されている方々でしょう。そうした方々がお気持ちで働いてくださっているだけに、役所としても有難い気持ちが先に立ちます。

◎イベントを担っている側の思い

　実行委員会形式でイベントを行っている場合、その中心で頑張っておられるのは手弁当で参加されているボランティアスタッフだと思います。この皆さんは、文化やスポーツなどそれぞれの分野に長く関わっている方々で、それだけ思い入れも強いものがあります。

　実際に毎年のイベントに携わっている方々にとっては、何周年記念で始まったという事実は、きっかけとしては理解されていても、それだけのことにすぎないのだと思います。毎年、少しでもイベントを向上させようと努力されている姿には頭が下がります。

　一方、**実行委員長が毎年変わるシステムを取っている場合、自分の代での大きな変更は避けたいという意向が働きがち**だと思います。例えば、参加者が大きく減少傾向にあったとしても、自分の代で終了させることは避けたいと考えるのも自然なことです。

　イベントの開催経費は役所の予算から支出されている場合がほとんどですので、役所側の意向にも敏感になります。「財政部門が、この事業については所期の目的を達したので終了したがっている」といった情報が入ると、そうならないようにやや政治的に活動される方もおられるかもしれません。具体的には、首長にイベントの意義を伝える、議員に継続の後押しを依頼する、といったことになります。

　イベントの中心となるのは、普段から地域でいろいろな取組みをされている方であることが多いので、その訴えを聞くと、首長も議員もむげにはできません。イベントの継続を望んでいる市民がかなりの数に上る

のは事実でしょうし、活性化に寄与している面があるのも確かでしょう。役所の屋台骨を揺るがすほどの金額を要しているわけでもないので、何が何でも終了させようといった気持ちにはなりにくいのが本当のところだと思います。

◎事業のしまい方

　イベント系の事業を実施する際、継続することを意図していないのだとしたら、**単年度事業であることを明言し、携わって下さる方々にも十分理解していただいた上で始めるべき**だと思います。イベントが成功すると、その場の勢いで「では来年も」となりがちですから、そうならないような共通理解をしておくべきでしょう。

　では、継続しているイベントを終了するためには、どうしたらいいでしょうか。

　お願いして始めた経緯があったり、主催者側の思いが強かったり、やめることによる効果が見えにくかったりと、事業を終わらせるのは始める以上にパワーがいります。こうした場合、どうしてそのような判断に至ったのか、主催者の皆さんに丁寧に説明するべきでしょう。所管課が説明するのが原則ですが、所管課としては事業をやめるモチベーションはあまりないでしょうし、イベント関係者に日頃お世話になっている可能性も高いので、財務部門も同席して話ができるといいと思います。その際も、これまで続けてこられたことへの敬意を決して忘れないようにしたいところです。効率性や費用対効果といったことだけで押し通そうとすると、理解は得られません。**無理に廃止を進めると、後々解消しがたいしこりを残す可能性もあるため、要注意**です。

転ばぬ先のヒント

続けてきたことへの敬意とやめる勇気。

信頼しても鵜呑みには
するな

——補正予算の見通し間違い

失敗事例⋯⋯⋯こっちは足りず、あっちは余り

　3月議会に提出予定の補正予算の市長査定の場で、副市長が渋い顔をしています。補正要求が出ている二つの課の内容が対照的であり、かつ好ましいものではなかったからです。

「つまり、A課は9月で増額補正したけど、さらに足らなくなって増額の要求が出てて、B課は9月で増額したのに、逆に余っちゃって減額の要求が出てるってことなの？　何それ。財政課はどういうチェックしてたの。議会でどう説明するつもり？」

　そう言われると、財政課には返す言葉がありません。個々に見るとやむを得ない事情はあったものの、補正後の推移を見誤ったのは確かですし、チェックが甘かったと言われればそのとおりだったからです。

　補正での増額が複数回にわたったり、増額補正したものの多額の執行残が生じたりというケースは起こり得ることだと思います。しかし、本当にやむを得ない場合はともかく、単に読みが甘かったり、積算が正確性を欠いたりしている場合もあります。予算に責任を持たなければならない財政課には、その積算が本当に合理的なものなのかどうか、しっかり確認することが求められます。

ここがポイント

　事業の内容を最も知っているのは、担当している所管課です。ですから、その意見を最大限尊重するのが基本です。しかし、鵜呑みにしてしまうと思わぬ落とし穴がある場合があります。所管課は事業を円滑に運営することに気持ちが集中するあまり、予算についての見立てがやや甘い傾向があることも理解しておきましょう。

　財政課としては、所管課を疑うのではなく、「一緒にチェックする」という気持ちで細部を詰めていきましょう。事業の責任は所管課が負いますが、予算の責任は財政課が負うことになるのですから。

解　説

◎見通しに違いが生じる典型的なパターン

　予算とは、その名前のとおり、将来に要するであろうお金を、予め算定するものです。できるかぎり客観的な根拠を持って算定しますが、未来のことなので完全に読み切ることは不可能です。ときには、思わぬ大きなズレが生じてしまうこともあります。

　例えば、何らかの奨励補助金を新設したとします。奨励補助金とは、「○○を購入すればその費用の2分の1を補助する」「××の行動をすればかかった経費の3分の1を補助する」というタイプのものです。所管課は、補助金制度の創設によって、年間どのくらいの活用が見込まれ、自治体の支出はいくらくらいになるかを見込んで予算を要求します。

　単独事業としての新たな奨励補助金の立上げは、予算においても一つの目玉事業として注目されます。それだけにうまく運用していきたいところですが、新規ゆえにどんな反応になるのか読みにくい面があります。年間100件くらいの利用を見込んで予算を取ったのに、実際には10件程度しか引き合いがなかったり、逆に1年間分として取った枠が3か月程度で埋まってしまったりといったことが起こり得ます。

　未来のことを読み切るのは難しく、こうした誤差が生じてしまうのは

やむを得ない面も大いにあります。しかし、注目されて始まった事業であればあるほど、議会などでの指摘が厳しくなることに覚悟が必要です。**「見通しが甘かったのではないか」と追及されても、しっかり答弁できるような準備をしておきたいところです。**

◎流用の見込み違い

　予算額に不足が生じる場合、補正予算で対応するのが原則です。しかし、額が小さく議決になじまないと考えられる場合や、次の議会まで待つことができないような場合は、流用によって対応することになります。それぞれの自治体によって、どのレベルなら流用とするかなど取扱いに違いはあると思いますが、かなりの頻度で行われていることでしょう。

　流用する場合、実際に予算が足りなくなってからでは意味がないので、足りなくなることがはっきりした段階で措置を行います。また、何度も繰り返して流用するわけにもいかないため、一度の流用で年度内を賄える額を積算することになるでしょう。その結果、見込み違いが発生する場合があります。流用したのに足りなくなってしまい、再度の流用が必要になったり、反対に流用した額が大きすぎて大幅に残が出てしまったりというケースです。

　流用額を算定する際には、財政課も関わっているでしょう。そして、足りなくなったり、過剰になったりしないように求めたことと思います。それでも未来のことなので、ズレが生じることはあります。

　流用が複数回に及んだり、大幅な残が出るような状況になると、翌年度の監査や決算審査で質問を受けることになります。違法なことをしたわけではありませんが、このケースでも見通しの甘さを指摘されることにはなるでしょう。

　通常は、流用を行った所管課が質問されることになりますが、同じようなことが複数の課で起きた場合、財政課の審査についても問われることとなります。「積算については任せているのでわかりません」と答えるわけにもいきません。

◎財政課にできること

財政課がすべての事業を網羅的に理解することは不可能です。日々その業務に従事している所管課の言い分が、とりあえず正しいものとして受け取るしかありません。まずは、現場で携わっている職員の意見を尊重しましょう。

しかし、だからといって所管課の言い分をそのまま受け入れればいいというものではありません。事業の直接の担当であるがゆえに生まれてしまう盲点があるかもしれません。

例えば、**事業の良さに酔ってしまって、客観的に捉えられていない可能性があります。**「意義がある事業だから、多くの人が参加してくれるはず」といった思い込みは、予測する上では障害となりかねません。

また、「このくらい来てもらわなければ困る」といった理由で見込みを立てるケースもあるようです。「近隣市があのくらいの成果を上げたのだから自分たちもこのくらいいかないと格好が付かない」とか、「議会でできると言ってしまった手前、このくらいの数字を示さないわけにはいかない」といったパターンです。こうしたときに掲げられている数字は、**予測というより希望的観測にすぎない**ため、往々にして現実とはかけ離れたものになります。

財政課は、所管課に寄り添いつつ、意見を交わしながら予算を作りましょう。先のことを見込むのですから、予測が外れるケースもままあります。ただ、所管課と財政課が協力し合って導き出した結論であれば、外れてもきっと次年度以降に活かすことができるはずです。

転ばぬ先のヒント

信頼しても丸投げはしない。

6 汚職はどこにでも 起こり得る

——入札予定価格の漏えい

失敗事例⋯⋯繰り返される公務員の汚職

　○○県警は、H町財政課長を「入札談合等関与行為の排除及び防止並びに職員による入札等の公正を害すべき行為の処罰に関する法律」（入札談合等関与行為防止法。もしくは官製談合防止法）違反及び公契約関係競売入札妨害の疑いで逮捕したと発表しました。

　容疑の内容は、「××小学校大規模改修改造工事」の条件付き一般競争入札を巡り、工事の最低制限価格を株式会社◇◇建設の社員に漏らし、同社に落札させ、入札の公正を害したというものです。

　町長は謝罪会見を開き、「行政への信頼を失墜させてしまい、心からお詫びを申し上げたい。徹底的な原因究明と二度とこのようなことを起こさない体制づくりを進めたい」と述べました。

　H町では、2年前にも同様の事件が発生しており、複数の逮捕者を出した経緯があります。事件後、そうしたことが起きた根本的な原因の究明と再発防止策を検討し、取組みを進めている最中だっただけに、ショックも大きくなっています。住民も、「またか」とあきれ顔をしているようです。

ここがポイント

　公務員であれば、軽微なものでも汚職は犯罪であり、決して許されないということを十分理解しているはずです。入庁直後の研修でも叩き込まれるでしょうし、昇進するたびに戒めを受けていると思います。

　それでも、汚職事件は後を絶ちません。大きな都市でも小さな町でも、様々な事例が各メディアで報道されています。失うものの大きさからすれば、汚職は全く割に合わないとわかりそうなものですが……。

解　説

◎いつでも誰にでも起こり得ること

　ほとんどの公務員が、「汚職」と聞いても他人事のように感じるのではないでしょうか。テレビや新聞では、しょっちゅうと言っていいほど、「賄賂」や「癒着」といった報道がなされますが、どこか遠い世界のことのように感じるかもしれません。「業者との付き合いなんか全然ない」「役職もないし、業者が近づいてくるほど偉くない」「そもそもお金が絡みそうな仕事をしていない」といったところでしょうか。

　そうした感覚を持つのはもっともなことだと思いますが、実際には汚職はいつでも誰にでも起こり得ます。何も工事所管課に限定された話ではありませんし、管理職でなければ起きない、というわけでもありません。

　テレビドラマなどでは、汚職を仕掛けてくるのは人相の悪い悪徳業者だったりしますが、現実はそうではありません。ごく普通に働いている人が人の良い様子で近づいてくるでしょう。

　入札に係る情報などを引き出したい側とすれば、情報が正しければそれでいいので、引き出す相手の地位は関係ありません。ですから、自分はヒラだから誰も寄ってこないということにはなりません。報道されている内容を見ても、それほど大きな額ではなくても起こり得ることなので、全く関係ないと言い切れる職員はほとんどいないでしょう。

　もちろん、実際にはこうした事例と少しの関わりも持たないうちに定

年を迎える人のほうが圧倒的に多いでしょう。しかし、いざ発覚してみると、「まさか、あの人が」となることが多いようです。自分とは関係ないと思い込むべきではないと思います。

◎民間事業者との付き合い方

　そもそも、民間事業者と関わりを持つからややこしいことが起きるのであって、はじめから極力関係を持たないようにすればいい、という考え方もあります。営業や各種の提案などで職場に来ても一切受け付けず、受注者以外とは話もしないという態度を貫くのです。確かに、こうしたやり方をしていれば事業者と親しくなる機会は減り、結果として汚職といったことが起きる確率も下がるかもしれません。

　しかし、それで本当にいいのでしょうか。

　民間事業者は、役所にはないいろいろなノウハウや新しい情報を持っています。それらは役所の仕事を改善することにつながるかもしれませんし、そうなれば市民の生活が豊かになることにもつながります。少なくとも、そうした可能性があるものを、最初から除外してしまうのはもったいない話です。「羹に懲りて膾を吹く」ということわざもあるとおり、あまり心配しすぎるのも良くないと思います。

　では、どうすればいいでしょう。汚職などを仕掛けてこない良い事業者とだけ付き合えればいいのですが、良いか悪いかはなかなかわかるものではありません。であれば、役所側が自らを律し、付き合い方を正しく判断していくしかないのでしょう。

　良い事業者は、こちらから何かを引き出すことより、仕事の上で有益な何かを提供するほうに注力してくれます。妙に役所を持ち上げてくることもないでしょうし、入ってはいけない領域についてはきちんと線引きをしてくるはずです。そのあたりの見極めはこちらがしっかりするべきでしょう。自分たちのサービスや商品に自信があれば、姑息なことを仕掛けてくるはずもありません。

　この事業者はどうなのだろうと迷ったら、躊躇なく周りに相談しましょう。抱え込むのが一番良くないですし、そこで悶々としてしまうと付け

込む隙を与えるようなことにもなりかねません。また、いろいろな人の意見を聞くと、見えていなかった姿が見えてくるかもしれません。

民間事業者とは、正々堂々と付き合いたいものです。

◎自分事として、周りにも気を配る

子どもたちに対して、昔は「知らない人について行っちゃいけません」と言ったものでしたが、この頃は「知らない人にあいさつしちゃいけません」と言ったりするようです。物騒な事件も起きていますのでそう教えたくなる気持ちもわかりますが、なんだか寂しい気もします。

汚職事件が起きると、とにかく民間事業者と距離を取るべきとの発想が生まれがちになります。さすがにあいさつは禁止されないでしょうが、接触が厳しく制限されることがあるようです。こうした対応では本質的な解決につながることはないでしょうし、業務を遂行する上でも得策とは思えません。

一方で、「汚職なんて、自分の周りで起きるはずがない」と決めつけてしまうのも困りものです。ベテランでも若手でも、役職があってもなくても、どんなに真面目に働いていても、ふとした心の隙間に起きてしまうのがこうした事件です。**「自分の周りにも、自分自身にも起きるかもしれない」**と肝に銘じておきましょう。そうした目で見ていれば、民間事業者との付き合い方として適切ではない振る舞いも浮かび上がってくるかもしれません。

民間事業者は、ともにより良いまちづくりを進めるパートナーであり、遠ざけるべき存在ではありません。ただし、当然のことながら、もたれかかる存在でもありません。しっかり線を引きましょう。

転ばぬ先のヒント

避けすぎず、もたれかからず。

⑦ エースに頼りきりは キケンです

——突然の退職で業務が停滞

失敗事例………抱え込ませてしまったがために

　L市の財政課が、年度開始早々大変なことになっています。交付税や起債を担当していた職員が家庭の事情で突然退職してしまったのがその理由です。システムの動かし方から始まってよくわからないところがいくつもあり、業務が停滞してしまっています。

　急遽退職となったのは、財政課在籍4年目の職員でした。非常に仕事のできる職員で、人の業務までやってくれるところがあり、周囲も頼りきりの面がありました。L市では財政課に配属されたら基本的に5年間は異動しないという暗黙のルールがあり、人事担当課にも丸5年を経過するまで動かさないように依頼していたことから、この職員が不在になることを全く想定していませんでした。退職前に懸命に引継ぎをしてくれましたが、それにも限界があり、実際にやってみるとわからないことだらけという状況です。

　4月は、年度切り替えの作業や起債の手続きなど、絶対に抜かすことのできない仕事がいくつもあります。こんなことなら、異動対象となる以前から徐々に引継ぎを行い、しっかり複数で担当できるようにしておけば良かったと反省していますが、後の祭りです。

┌─ ここがポイント ─┐

　財政課には大きく分けて二つの仕事があるといえると思います。一つは予算要求を査定する担当であり、もう一つは地方交付税や地方債など歳入を司る担当です。

　役所の内部では査定担当のほうが目立つ存在だと思いますが、より専門性が要求されるのは歳入担当のほうでしょう。ここを一人に任せてしまうと、突然抜けられたときににっちもさっちも行かなくなってしまいます。

【 解 説 】

◎抱えたがる人に抱え込ませると

　「仕事ができる」とされている人の中には、仕事を抱えたがる人がいます。人より多い分量の仕事をがっちり抱え、誰にも触らせないのです。

　周りの職員も、「あんまり一人にやらせちゃ、まずいなぁ」と思いつつも、その人にやってもらったほうが速く、間違いもないので、つい頼ってしまいます。

　所属長はそうした様子を見て、危機管理の面で不安を覚えることと思います。その人が異動してしまった場合にどうするか、その人が病気にでもなったらどうするのか、と考えるからです。そこで、係長に対して、「いつ異動になってもいいように、計画的に引継ぎをしておくこと」といった指示を出します。これを受けて係長も、その抱えがちな人に、日々の業務のなかでの計画的な引継ぎを求めます。

　そこで、しっかり引継ぎに動いてくれればいいのですが、いつ異動になるかわからない段階での引継ぎにはどうしても気持ちが入りません。形だけ引継ぎをしているようでいて、本質的な部分まで踏み込まないまま、ズルズルと月日が流れてしまうということが起こり得ます。

　あまり想像したくないことですが、熟練職員がいなくなるのは異動だけとは限りません。事故や病気のほか、不祥事ということも絶対に起き

109

ないとは言い切れないでしょう。そうなると、突然、明日から来られなくなる可能性さえゼロではないということになります。

　いざというときに慌てないためには、日頃の準備が何より大切です。

◎係長の役割

　課長は、課のトップとしてマネジメントに注力することになります。その課が担うべき課題を期待どおりクリアできているか、係間の連携はうまく取れているか、誰をどのように評価し、その先のキャリアにつなげていくか、といったところに責任を負います。しかし、個々の業務の進め方や、職員ごとの業務負荷の違いなどについては、あまり深くは見えてこないのが実際のところではないでしょうか。

　そこで大切になってくるのが、係長の役割です。係長は係内の業務を差配し、進捗はどうか、誰がどんな業務を担っているか、誰の仕事ぶりがいいか、といったことを把握しているはずです。特定の職員が仕事をかぶりすぎていれば、何らかの手を打っていく必要があります。

　とはいえ、目の前の仕事を回すことを優先するのなら、現状をあまりいじりたくないという欲求に駆られるものだと思います。多くの業務をしている職員の仕事を他の職員に回したことにより、かえって能率が下がってしまうということはよくある話です。役割をいじることによって混乱が生じ、そのことが係長に対する不満となってしまうというケースも起こりがちだと思います。

　それでも、「今何とか回っているから、ずっとこのままでいいだろう」と安易に考えるのは危険です。頼りにしている職員が不意にいなくなる可能性は常に頭に入れておく必要があります。「担当職員がいなくなったから対応できません」では組織とは言えません。そうならない可能性が高い前提に備えるのは徒労感もありますが、そうなったときにどうにもならないのでは困ります。

　係長は、**できる一人の職員に頼りすぎないこと、誰かが突然欠けても大丈夫な体制を整えておくことを常に考えておきましょう。**

　コロナ禍において、職員が突然欠けることが現実に起こり得ることを

実感した方も少なくないと思います。万が一にしっかり備えるように心がけたいところです。

◎業務内容の明文化と多能工化の推進

　仕事を抱え込みがちな人の悪癖の一つは、自身の仕事を見せたがらないことです。そのため、本人以外には業務の量や難易度がわからなくなってしまいます。

　マニュアルを作ってくれればいいのですが、多忙であることや、「マニュアル化できるような業務ではないので」という理由でやんわり断られることが多いのではないでしょうか。

　しかし、その人はいつか異動しますし、その人が異動してからも円滑に業務を回していかなければなりません。であれば、**いつまでに、何を、どのようにする」「どんなところに気を付ける」といったことはきちんと文章として残しておくべき**です。作成する時間を十分に与えて、忙しいからできないという言い訳を予防しましょう。

　また、**職員の多能工化にも取り組みたいところです。**多能工化とは、主に製造業において、一人の作業者が複数の工程の作業をこなせるように訓練を積んでいくことを言います。ある業務をある一人にしかできないようにするのではなく、複数の人が同時にできるようになっていれば、誰かの不在時に滞りなく対応できるだけでなく、業務の質そのものを向上させることも期待できます。

　とはいえ、少人数職場では、どうしても特定の人に業務が偏りがちです。それは仕方がない面もありますが、仕方がないとあきらめてはいけないことであることは忘れないようにしなければなりません。

> **転ばぬ先のヒント**
>
> ## その場よければと抱え込ませない。

「魔が差さない」
仕組みをつくれ
── 公金の着服・横領

失敗事例············一人に任せてしまったがゆえに

　Ｙ市は、同市観光商工課の職員が、任意団体「Ｙ市観光協議会」の口座から約3,000万円を着服していたこと、その職員を懲戒免職の処分としたことを発表しました。

　市によると、この職員は、県の観光連盟や市からの事業を受託して実施する同協議会の事務局を５年間にわたって担当しており、後半の２年間はほぼ一人で会計事務を切り盛りしていたとのことです。そしてこの２年間に、観光振興目的の電子通貨やクーポン券の換金に充てるための資金が入った口座から、数十回にわたって現金を引き出し、着服していたとされています。

　４月の人事異動で新たに職員の上司となった係長が、通帳に不自然な動きがあることに気づき、本人を問い詰めたところ、着服を認めたそうです。着服した公金は、すでにギャンブルなどで使い果たしてしまっていて、返済は難しいとのことであり、市は県警に刑事告発する方針です。

　不正が行われた任意団体に関する出入金のチェックが一人に任されてしまっていたことが大きな原因であり、上司の監督責任も問われています。

> # ここがポイント
>
> 　金品などをひそかに盗み不正に自分のものにすることを、着服と言います。これが発覚した場合、横領罪に問われます。残念ながら、役所に限らずいろいろな団体で、着服・横領が後を絶ちません。
>
> 　最初は魔が差した形で始めてしまい、その後はズルズルと続けてしまったというパターンが多いのではないでしょうか。であれば、魔が差さないような仕組みをつくることが大切です。

解 説

◎自治体職員が団体事務を行うこと

　事例では、自治体職員が任意団体のお金を着服していたケースを取り上げていますが、そもそも自治体職員が団体事務をすること自体に対して、考えなければならない点があります。

　地方公務員法は、第35条で「職務に専念する義務」について定めています。

> 第35条　職員は、法律又は条例に特別の定がある場合を除く外、その勤務時間及び職務上の注意力のすべてをその職責遂行のために用い、当該地方公共団体がなすべき責を有する職務にのみ従事しなければならない。

　ここで、「当該地方公共団体がなすべき責を有する職務」とは何かということが論点となります。職員に団体運営にかかる事務を行わせている自治体は、団体事務もそれに当たると主張することになるのですが、いくら自治体と連携している団体でも、あくまでも別個の団体であり、団体に関する事務を自治体の事務と同一視し、自治体の事務に従事したものと評価するのは相当ではないと言わざるを得ないとした判例もあります。

　もちろん、実際の業務において、急に役所が完全に手を引いてしまっ

たら、活動自体が成立しなくなる団体も少なくないため、そこは臨機応変に対応するべきだと思います。ただし、**丸抱えで事務を行うのはそもそも好ましくない**、ということは知っておかなければなりません。

◎団体事務で陥りがちな状況

　団体事務と比較すると、通常の会計においては不正が行われる可能性は非常に低くなります。なぜなら、お金が動くまでにいろいろな人の目を通るからです。

　お金を動かすためには支出負担行為を起こす必要があり、担当→係長→課長といった決裁を経ることになるでしょう。鉛筆1本購入するにも、物品調達関係課を通したり何やらで結構な手間がかかるのが通常です。さらに、これを実際に支出するためには、出納部門を通す必要があります。こうした経緯を踏まないと出金につながらないので、滅多に不正は起きません（それでも、全く起きないわけではありませんが）。

　一方、団体事務となると、そうした手間はグッと省略されることになるでしょう。例えば、消耗品が必要になれば、安いと思えるお店で買ってきて、領収書を貼って伝票を起こせばいいといった形になっていると思います。出金に際しても出納部門を通す必要はないため、機動的にお金を動かすことが可能でしょう。臨機応変に、思いついたらすぐに支出することができるのではないでしょうか。もちろん、担当が起票し、上司が決裁するといった過程は経ると思いますが、それでも通常の公会計事務よりも簡略化された流れとなります。

　団体で会費などを集めている場合も、もちろん領収書などは発行するでしょうが、それも簡易なやり方であることが多いでしょう。信頼関係で成り立つ感じです。

　こうした仕事を担当者一人に委ねると、事務が徐々にブラックボックス化していきます。「○○さんじゃないとわからない」という状況になると、周りが手を出せなくなってしまいます。さらに、事務的なミスがあったとき周囲がそれに気づくことができないようになると、ミスを隠すために不適切な事務処理を行い、さらに深みにはまるといったことも

起こりかねません。

◎魔が差す機会を与えない

　「魔が差す」という言葉があります。「不意に悪魔が入りこんだように、一瞬、判断や行動を誤る。思いもよらない出来心を起こす」といったような意味です。普段真面目な人が思いもよらないような犯罪を起こしてしまった後、「つい魔が差して……」と言ったりするようです。

　最初から着服してやろうと思ってその業務にあたる職員はいないはずです。「当面の間は気づかれない」という直感が働くときに、魔が差してしまうのでしょう。であれば、そもそも魔が差さないような仕組みを考えましょう。

　基本は、**お金に関わる仕事を一人に委ねない**ということになります。お金の出し入れができる人間が一人になってしまうと、周りからも口を出しにくくなります。常にいろいろな人の目が光っていれば、不正なことをしようとする気持ちは小さくなるはずです。複数の人を割けるほどの人員的余裕がなければ、**担当を随時入れ替える**という手があります。担当に同じ人を長く留め置かないことも、有効な予防策になります。

　また、**こまめにお金の流れを確認する**ことも有効です。一定期間誰も確認しないとわかっているからこそ、いろいろな細工をしてしまうのでしょうから、お金の流れは毎日チェックするくらいでちょうどいいと思います。

　お金の不祥事が起きてしまうと、組織はもちろん、その事象を起こした本人にも計り知れないダメージとなります。そうならないように、仕組みで防ぎましょう。

> **転ばぬ先のヒント**
>
> ## 「つい」となる瞬間をつくらせない。

9 十分な見極めと
検証を

—— 応募なきネーミングライツ

失敗事例………命名権、募集したものの手が挙がらず

　W市の財政課長が暗い表情で市長室から出てきました。市長
の目玉政策の一つとして始めたネーミングライツが芳しい成果
を上げておらず、その報告をしてきたところです。

　民間企業出身の市長は、「市は製造業ではないが、信頼とい
う商品を持っている。これを活用しない手はない」が口癖で、
その具体的な手法の一つがネーミングライツでした。市内には
大きな音楽ホールやスポーツ施設はありませんが、市長は「い
くらでも売れるものはある」と考えていました。そして、道路
や歩道橋など、市が管理しているありとあらゆる施設にネーミ
ングライツが活用できるかどうかの検討を指示し、やや見切り
発車的にスタートしました。

　小さな施設も含め30か所以上の市が所有する施設にネーミ
ングライツを導入し、募集を開始しましたが、半年経っても1
件も成約できておらず、残念ながら問い合わせ自体があまりあ
りません。

　市長からは「PRが足りない」と毎回指摘されますが、それ
だけではないようにも思えます。

```
┌─────────── ここがポイント ───────────┐
```

　役所に限らず、新しいことに対する挑戦が求められています。失われた10年が、20年、30年と言われるようになり、人口の減少が確実である我が国では、立ち止まっていては明るい未来を迎えることはできないのかもしれません。

　ただし、組織の持つ資源や時間には限りがありますから、成算なく何でも挑戦すればいいというものでもないでしょう。失敗を恐れず、しかし見極めるべきは見極めることが求められます。

解　説

◎役所の事情

　「役所は固い」とよく言われます。もちろん、民間にも融通の利かない会社はいくつもあり、役所だけが固いわけではありませんが、臨機応変に動けていない面があるのも事実でしょう。

　しかし、**役所には柔軟に動くことが難しい事情があります。**

　まず、役所は法令を率先して守らなければなりません。法令遵守は当然のことで、民間も法令を守っていますが、役所は見解が分かれそうな微妙なところにはなかなか踏み込めないという点が違います。

　また、公平性にも気を配る必要があります。例えば、ある企業に発注すれば安いことが確実でも、他の企業にも参加する機会を与えなければなりません。

　さらに、良きにつけ悪しきにつけ、前例を大切にせざるを得ない面もあります。判断するための明確な基準がないため、「なぜ去年とやり方が違うのか」と突っ込まれたときに答えられない状況を避けたくなる気持ちになります。

　役所が変化を恐れる傾向にあるのは、議会や市民からの声を気にせざるを得ないという事情にもよります。役所の無謬神話については、間違いを認めようとしない役所の体質に批判が集まることが多いですが、間

違いがあった場合にとことん責任を追及されるという要素があることも事実でしょう。

◎減点主義と加点主義

　役所の人事評価は減点主義だと言われてきました。「前例を踏まえながら、大過なく仕事をしていけばいい」という環境下では、失敗をしないことが優先され、評価についても減点がどれだけあるかを見るようになっていたのでしょう。

　しかし、世の中は大きく変わり、役所を取り巻く環境も変わりました。公務員も、これまでどおりの仕事をこなし、去年の仕事をなぞればいい、という時代ではなくなっています。こうした状況では、評価の考え方も変えていく必要があります。**どれだけ挑戦をしたかということを評価する加点主義への転換が求められている**と言っていいでしょう。

　「そんなことは昔からわかっていた」「前向きな取組みを行う職員を評価してきた」と言う人もいるでしょう。気持ちはわかりますが、世の中で役所がどう見られているかを考える必要があります。「相変わらず融通が利かず、前例踏襲で、新たなことにはチャレンジしない」と思われているのだとしたら、職員のベクトルがそちらに向いていないからだと考えざるを得ません。

　近年、自治体で目覚ましい働きをしていた職員が役所を退職し、新たなフィールドで活躍を始める事例が増えているように思います。おそらく、役所の中にいては存分に力を発揮できないと考えたのでしょう。それは個人のキャリアとしては素晴らしいことですが、役所としては痛手と言えるかもしれません。

　こうしたケースは、これからもっと増えていく可能性があります。外で力を試したいという思いを止めることはできなくても、元気のある職員に、より働き甲斐のある職場を提供していくことは必要でしょう。

　挑戦を奨励していることをはっきり打ち出したり、挑戦した職員に正当な評価を与える取組みを進めることは、新しい課題の解決につながり、結果として市民の満足度を高めることも期待できます。

◎「周りもやってる」「せっかくだから」を超えて

　新しい事業に取り組んだものの、うまくいかなかったということもあるでしょう。やってみなければわからないので、挑戦したこと自体は「ナイストライ」と褒められていいことだと思います。ただし、失敗するべくして失敗しているケースもあります。

　悪いパターンの第一は、「周りもやってるから」で始める場合です。近隣自治体の成功例を見て、「じゃあうちも」と参戦し、うまくいっている自治体を後追いして表面的になぞっても、同じようには転がらないでしょう。地域の特性など違いも多々あるので、当然です。

　誰かから提案を受けて、「せっかくだから」と始めてしまうパターンも先行きが心配です。首長が思いついた事業や、若手から提案があった取組みなどについて、「むげにするのもよくないから、とりあえずやってみよう」と始めたことはないでしょうか。**挑戦はいいことですが、実際に資源を投入するのなら、きちんとした検証も必要です。**とりあえずで始めてしまうと、どうなれば成功なのか、どこが足りなかったから失敗なのかという基本的な線引きさえできないということになりかねません。

　その他「補助金がついたから」「国や県が奨励しているから」といった理由でぼんやり始めてしまう事業も心配です。

　役所もどんどん挑戦していくべき時代だと思います。「下手な鉄砲も数撃ちゃ当たる」という言葉があるように、一度や二度の失敗でめげてはいけないでしょう。一方、思い入れもなく事業を始めてしまうと成功の確率も上がりませんし、事後の検証も不十分になりそうです。事業の意味を見極め、気持ちを込めて、悔いのない挑戦をしたいものです。

転ばぬ先のヒント

意味のある挑戦を、恐れずに。

「油断・過信」が生まれる メカニズム

　本文中でも引用した地方公務員法第35条は、有名な「職務専念義務」に関する条項です。

　そこでは、「職員は、法律又は条例に特別の定がある場合を除く外、その勤務時間及び職務上の注意力のすべてをその職責遂行のために用い」なければならないとされています。

　それは当然のことなのでしょうが、実際にはそう簡単ではありません。人間ですから、どうしても、ふっと気が抜けてしまったり、注意力に欠けてしまったりすることがあります。そんな気のゆるみが生じた瞬間に、失敗の種が生まれるのでしょう。

　生まれてしまった失敗の種が育っていく過程では、「あれ、ちょっとおかしいぞ」と気付ける機会もあるかもしれません。振り返って、「あの時になんとかしておけば」と後悔するような時間です。しかし、多くの場合、「まだ、大丈夫だろう」「これまで平気だったから」「自分たちだけは何とかなる」と都合のいい解釈をして、そのままにしてしまいます。

　こうした傾向を、心理学用語で「正常性バイアス」と呼ぶそうです。自分にとって都合の悪い情報を無視したり過小評価したりして、本来注意すべき異常を正常の範囲内と理解して無視することによって、心的な安定を保とうとするメカニズムです。

　悪いこと、嫌なことから目を背けたくなる気持ちはわかります。今までも何とかなってきたから、と自分に言い訳する気持ちもよくわかります。しかし、そうした感情にはバイアスがかかっているのだと知るべきでしょう。

　「万が一」という言葉がありますが、その「一」が今回かもしれません。場合によっては、取り越し苦労くらいがちょうどいいこともありそうです。

第 **4** 章

「コミュニケーション」
をめぐる失敗

1

笛吹けど踊らず

―― 不満がくすぶる枠配分予算

　A市の財政課は、令和〇年度予算編成において枠配分を採用することにしました。厳しい財政状況にもかかわらず、毎年度歳入見込額を大幅に超える歳出要求が出されていることへの対応が目的です。各所属からも、「各部の主体性を活かせる仕組みにしてほしい」といった声が上がっており、枠配分方式にすればそうした要望にも応えられると考えました。

　しかし、結果は残念なものでした。財政課の意図した枠配分の良さがほとんど発揮されなかったからです。

　ある部は、枠配分を大きくはみ出した額を要求してきました。当然、財政課は「ルール違反であり認められない」と指摘しましたが、「示された枠配分額が小さすぎて、そこに押し込められるわけがない。財政課の責任で切るのならそれはお任せする」という返答でした。

　ある部は、新規事業を枠配分内で計上し、継続的に実施している事業をそれ以外の予算として計上してきました。こちらに対しても「趣旨が違う」と伝えましたが、「部として主体的に判断した結果であり、予算を付けるかどうかの判断はお任せする」と言われてしまいました。

```
┌─────────────────────────────────────┐
│           ここがポイント            │
```

　予算編成をどう進めるか、財政課は毎年頭を悩ませることになります。一件査定をしているときには枠配分のほうがよく見えますし、枠配分を採用するとそのデメリットが目に付くようになります。

　予算要求課と財政課が心を一つにして予算編成に取り組めればいいのですが、立場が違うなかでそれは簡単ではありません。どうしてもお互いの不満がくすぶることになりがちです。

```
┌─────────────────────────────────────┐
│                解　説               │
└─────────────────────────────────────┘
```

◎枠配分予算とは

　枠配分予算は、一件査定予算と対になる予算編成の進め方です。一件査定が、すべての項目について財政課が査定を入れる可能性があるのに対し、**枠配分では示された枠の中は予算要求所属の意志が尊重され、財政課は査定しないというルールが一般的**です。自治体の予算では枠配分という表現が使われますが、国の予算編成では「シーリング」や「キャップ」といった言葉が使われていました。こちらは、枠というより予算要求の上限を決めるものになります。

　枠として示されるのは、総額であったり、一般財源分であったり、経常経費部分のみであったり、いろいろなパターンがあります。財政課が一定の考え方に沿って枠配分額を算定し、それを予算要求所属に示すことになります。

　枠配分予算には、次の2点の狙いがあると考えられます。まず1点目は、**「予算要求額の膨張を抑える」**というものです。一件査定の仕組みでは、基本的に上限が決められていないため、いくらでも要求できることになります。歳入が増加傾向にあるならともかく、歳入の減少が見込まれている状況で実態とかけ離れた額が要求されると予算査定にも支障が出てしまいます。そこで**枠という上限を決めて、たがをはめようとする**のです。

2点目は、「**予算要求部門の主体性や創意工夫に期待する**」というものです。枠が示されると、それを超えての要求ができなくなる代わりに枠の中は自由に使うことができます。経費の節約や事業の廃止により資金を生み出し、**部として力を入れたいと考えている部分に予算を集中するといったことが可能**になりますので、メリハリの効いた予算編成になる可能性があります。歳入を増やせばその分の枠が広がるという仕組みにすれば、歳入確保策が進むことにもなりそうです。

◎食い違う思い

　枠配分予算を導入すると、口が悪い職員からは、「財政課が楽をしたいからだろう」などと言われることがあります。しかし、予算査定がスムーズになる面はあるかもしれませんが、財政課が楽をする目的で枠配分を取り入れるケースはあまりないでしょう。むしろ枠配分額を算定したり、予算要求時にいろいろ説明したりしなくてはならず、手間がかかる面もあると思います。ですから、枠配分を導入するのは労力削減を目論むものではなく、**現場に近い各所管の創意工夫で、現実に即していて、かつ思いのある予算にすることを目指してのもの**であるはずです。

　財政課の思いを受け止め、意気に感じて予算編成をしてくれる所管もあるのですが、「**悪用**」に近いやり方で枠を使ってくる所管も出てきます。事例で紹介したもののほか、例えば、次のようなパターンです。

・義務的経費に近い内容の項目について、わざと少なめに見積もり、その分を枠内の他の経費に回す。少なく見積もった項目については、はじめから補正で対応することを前提とする。

・職員研修費のような、本来充実していかなければいけないものの、削りやすい予算を削減する。

・工夫したわけではなく、たまたまその年度に支出が不要になった経費を枠の中だからと他に付け替える。

　財政課が考える創意工夫は、「現場目線で、実際の事業内容に合わせて予算要求内容にメリハリを付ける」というものです。積算された枠配分額を自分たちの都合のいいように解釈して、恣意的に使うというもの

ではありません。

　笛吹けど踊らず、と言うべきなのでしょうか。もしくは違う踊りを踊ってしまったと言うべきなのでしょうか。

◎機能する枠配分にするために

　身も蓋もないことを言うようですが、財政課の言葉は所管課には届きにくい、ということを理解しておくべきなのだと思います。所管課からは「財政課は要求した予算を切るところ」「とにかくケチ」と見られている、もしくは見られていても仕方がないと覚悟しましょう。そこが前提となっているので、枠配分予算を取り入れても、前向きな工夫よりも隙をつくような、ある種姑息なやり方になってしまうのでしょう。

　財政課と所管課の間に、しっかりした信頼関係がなければ、枠配分はうまくいきません。そして、うまくいかないからといって所管課の理解不足をなじってみても事態は良くなってはいきません。時間はかかるかもしれませんが、所管課との信頼関係をコツコツ築くことから始めるべきでしょう。

　そのためには、**枠配分をすることの狙いや思いを、丁寧に伝える必要**があります。予算編成が始まる段階になってバタバタと枠配分を示し、「不明な点があったらいつでもお問い合わせください」とするのではなく、もっと前の段階から話をしておきたいところです。

　さらに踏み込み、**枠配分の制度設計の段階から所管課を巻き込めれば、予算編成がスムーズに進む可能性が高まります。**一緒に良い予算をつくるという気持ちを共有することが案外近道なのかもしれません。

> **転ばぬ先のヒント**
>
> ## 笛を吹く前に、思いを一つにする工夫を!

② ありのままの姿を 工夫した見せ方で
── 財政状況の説明

失敗事例──── 楽観・悲観、どちらに寄せても伝わらず

　H市では、自治基本条例の規定に沿って、年に2回、財政状況に関する説明会を開催しています。春に決算状況について報告し、秋に予算編成に向けた説明を行う形を取っていますが、どのような内容にするべきか試行錯誤を続けています。なぜなら、財政状況について厳しめに伝えても少し楽観的に伝えても、どちらにしても参加者から疑問の声が上がるからです。

　例えば、「今後は高齢者が増え、働き手は減ってしまうので、財政状況は一層厳しくなる」と伝えると、「そんな夢がない話を聞かされてしまうと元気がなくなるし、若者が町を出て行ってしまいかねない」と言われます。一方、「現在の財政状況は必ずしも借金が多いわけでもないし、税収が急激に減ることも当面の間は見込まれないので、先を見据えた投資に力を入れたい」と伝えると、「そんな気楽なことでどうする。民間ならとっくに潰れている」と言われます。

　もうすぐ次回の説明会がありますが、どう伝えたらいいか、疑心暗鬼になってしまっている状況です。

ここがポイント

　以前に比べて、役所が財政状況について市民に説明・報告する機会が増えたように感じます。そして、それぞれの自治体の財政課は、なんとか関心を持ってもらおうといろいろな工夫を凝らしています。

　しかし、真意を伝えるのは簡単ではありません。市民に直接伝えることができるせっかくの機会を十分に活かせず、説明している側も聞いている側も、何となくモヤモヤしながら会場を後にするということが少なくないようです。

解 説

◎財政状況を伝える機会

　自治体は、いろいろな機会や媒体を活用して、財政状況を市民に伝えています。かつては、広報紙で限られた情報を読むか、役所の情報公開コーナーで資料を探すしかなかったのですが、現在ではホームページにかなりの分量の情報が掲載されています。総務省のサイトを見れば、全国の自治体の情報を見ることができますし、自治体間の比較が容易にできるようになっている民間サイトもあります。

　また、市民参加のもとで作成した「自治基本条例」の規定に従って、財政状況について、毎年度、市民に直接説明する場を設けている自治体もあります。そうした場でどのように伝えるか、頭を悩ませるものの、なかなか難しいというのが実際のところではないでしょうか。

　決算状況の説明の際には、何らかの基準と比較しないと伝わらないため、総務省が定めている健全化判断比率を用いることが多いと思います。その場合、ほとんどの自治体が健全化判断比率に定める要注意基準よりは良好な数字だと思いますので、指標的には財政状況が健全であることを伝えることとなります。すると、「なんだ、意外と大丈夫なんだ」と安心する人と、「ほぼ100％の自治体が健全に位置付けられる指標なんかに意味はない」と懐疑的に捉える人に分かれてしまいます。

地方債について説明しても、「そんなに借金をしたら民間だったら潰れてしまう」と考える人と、「他自治体と比べて指標が低いなら、もっと借金をして積極的に事業をするべき」という人に分かれます。

　なかなか難しいものです。

◎わかりやすく伝える工夫

　「由らしむべし知らしむべからず」という言葉があります。これは、民衆は為政者に従わせればいいのであって、施政の詳細を知らせる必要はない、という意味に解釈されています。今どき、そんなことを考えている政治家や公務員はいないと思いますが、知らせ方が苦手なのは、知らせないほうがいいという時代が長く続いたからなのかもしれません。

　最近は、新しい動きも生まれてきています。自治体財政については、何とか伝えようとしても、残念ながらほとんどの人はそれほど関心を持っていないため、普通の伝え方では簡単にスルーされてしまいます。そこでいろいろな工夫をしている自治体が出てきているのです。

　インパクトがあったのは、埼玉県北本市です。職員がマントを羽織り、「**財政状況伝えるマン**」を名乗り、広報紙に実写マンガを取り入れた特集を組んだのです。奇をてらった企画に見えますが、市の厳しい財政状況を市民と共有したいという真摯な気持ちから始まっています。実際に、見た目は派手ですが、伝えるべきはしっかり伝える内容になっています。市民からも好評で、ホームページの閲覧数も大幅に伸びたそうです。

　また、東京都では、予算や決算の主要なデータを可視化することを目指し、「**都財政の見える化ボード**」を公開しています。ちょっと情報が濃すぎる感はありますが、ユーザーレビューを踏まえて継続的な改善を重ねていくとのことですので、ますます見やすくわかりやすくなっていくでしょう。

　その他にも、再生数はそれほど伸びてはいないようですが、YouTubeを使って予算・決算の内容を伝えている自治体も出てきています。

　何をすれば正解ということはないですし、これだけやっておけば間違いないというものもありません。それぞれの自治体の状況に合う伝え方

が見つかるまで、試行錯誤を続けていくしかないのでしょう。

◎都合のいい印象操作は無意味

　役所に限った話ではないのかもしれませんが、誰かにその組織の状況を伝えるとき、「こう受け取ってほしい」と考えている方向に誘導しようとしがちな傾向があるように感じます。

　例えば財政状況を伝える場合、「予算の増額を期待しないでもらいたい」という思惑がある場合は厳しめに伝え、「地方債が他市より多いけれどそこをあまり突っ込まれたくない」という思惑がある場合は楽観的に伝える、といった具合です。

　こうした傾向になるのはある意味自然なことですが、恣意的に伝えていることになりますし、どこか偏った伝え方になっている可能性も否めません。「ありのままに伝えてしまうと、余計な不安を与える可能性がある」ということを役所側はよく心配するのですが、おそらくそれは杞憂というものでしょう。もし、**事実をそのまま伝えて市民が不安に感じるのだとしたら、それは不安を与えるような内容があるからです。**それを隠してしまっては、説明会の意味がありません。

　そうは言っても、「当たり障りのないことを伝えて、なるべく穏便に済ませたい」と考える心情もよく理解できます。しかし、市民とのコミュニケーションは場数を踏んで良くなっていくものでしょう。その場さえ乗り切れれば、という発想は少しもったいない気がします。「わかりやすさに十分配慮しながら、小細工せずに、**伝えたいことを真正面から伝える**」というやり方が正攻法なのだと思います。

転ばぬ先のヒント

ありのままに、正直に。
真正面から伝えよう。

3 「削る理由」より 「付ける理由」を
── 予算査定で目指すもの

失敗事例 ……… 査定が生んだ悪循環

　出納室のＸ主任は、今年はいつもの年より予算の執行率が高いような気がしました。春先は支出が抑え気味になるのが普通なのに、どんどん伝票が回ってくる感じがあったのです。不思議に思ったＸ主任は、何かの折に同期のＹ主任に話してみました。「気のせいかもしれないんだけど、なんか予算の執行がいつもより早くないかな？」

　聞かれたＹ主任は、「内緒だけど」と断りを入れ、周りに誰もいないことを確認してから、こんなことを話してくれました。「去年変わった財政課長が、とにかく予算を切りたがるじゃん。で、予算を切る理由の一つが『執行率が低い』だったんだよ。前年支出残があった科目とか、その年度の執行率が低い科目は、バンバン切られたんだ。だからうちの課ではその防衛策として、年度の前半でどんどん執行することにしてる。ちゃんと１年を見越して使いたいんだけど、残しているとその分持ってかれちゃうからな」

　Ｘ主任は、自分の感覚が間違っていなかったことを喜ぶ気にはなれませんでした。

ここがポイント

　来年度予算は、過去でも現在でもなく、「未来」に使われるお金についてのものです。そのため、「これまでどうだった」ということは参考にはなっても、「だからこうなる」という決定打にはなり得ません。

　予算要求にあたって、「経常経費については前年度執行額以下とする」といった考え方が示される場合があるかもしれませんが、未来の仕事の進め方を過去の支出額で決めてしまうのは無理がありますし、理屈として正しいとも思えません。予算を査定するのは財政課の権限ですが、相手にも納得してもらう必要があるのは言うまでもありません。

解　説

◎予算を査定する理由

　予算要求は、予算を要求する単位の長、多くの場合、部長の決裁を経て行われるものだと思います。一方、査定する側である財政課は、まずは担当者が予算の是非を判断することになります。その後、課長→部長→首長と査定のレベルが上がって最終決定となりますが、部長以上が絡むのは新規事業や懸案となっているものなど一部のものに限られます。**つまり、細かい項目については、担当者の判断がそのまま決定となる可能性がある**ということになります。

　事業課は、必要性があって、部長決裁を経て予算要求してきています。その予算額を削ろうというのですから、査定をする側にきちんとした理由が必要なのは当然です。「前年より増額となっているから」とか、「財政状況が厳しいから」とかいったことは理由になりません。そうした表面的な理由による機械的な査定であれば、財政課職員でなくてもできることになってしまいます。

　査定するためには、その判断に自信を持つことができ、所管課にも納得してもらえる理由が求められるのです。個々の要求内容をよく調べ、予算に関わる部分は、事業内容についても所管課と真っ向から渡り合え

るようになりましょう。

さらに、財政の全体像や自治体の将来の姿などを自分なりに整理しておくことも必須です。

◎査定が逆効果となるケース

事例に挙げた「執行率が低い予算科目は、それに合わせて減額する」という話は、査定が逆効果になる典型的なケースです。執行率が低いということは、何らかの工夫により節約ができるようになったのかもしれません。であれば、褒められてもいいようなケースなのに、逆に予算を削るというペナルティを与えてしまっては、モチベーションが下がることは必至、無駄遣いを奨励するようなものです。

他にも、**査定をちらつかせることがかえって逆効果になるケース**があります。

例えば、見積りを複数社から取ることを求めるのはいいとして、「必ずその中の一番安い額を予算要求額にすること」と指定してしまうと、これも悪い影響を与えそうです。所管課としては、安かろう悪かろうになるのは避けたいところですし、あまりにも低い額を予算額としたことで入札が不調にでもなったら困ります。となると、安い金額を出してくれそうな事業者からは見積書を取らなくなってしまう恐れがあります。これでは、適切な予算額がいくらなのかわからなくなってしまいます。

また、**行政評価における「成果」に引っ張られすぎて逆効果になるケース**もあります。行政評価は個々の事務事業を見直すきっかけとして機能させるべきものですし、PDCAサイクルを回すことで事業が進化していくことも期待できます。行政評価における大きなポイントの一つが「成果指標（アウトカム）」の重視です。評価制度導入前は、いくら使ったかといった「投入指標（インプット）」や、どれだけやったかといった「活動指標（アウトプット）」によって事業の是非を判断することが一般的だったため、事業の見方が変わったと言えます。それ自体は良いことなのですが、行政評価で成果が上がっている事業については予算を付けて、そうでない事業については削減を前提とするとなると、話が変わってきま

す。事業をより良くするために行うはずの評価が、予算査定につながってしまうとなれば、評価における見栄えが良くなるようにお化粧してしまうことにもなりかねません。

◎ 何のために予算をつくるのか

　手段が目的化してしまうことは、仕事をしていくなかで起こりがちです。

　本項の事例でいえば、良い予算をつくるための手段の一つとして経常経費を見直す必要があり、経常経費を見直す手段の一つとして執行状況を確認していたはずが、いつの間にか経費を機械的に削減することが目的になってしまったようです。

　では、予算をつくることを「目的」と捉えていいかといえば、決してそうではないと思います。

　「市民の福祉を向上させる」もしくは「市民の幸福度を上げる」といったことが目的であり、予算はそのための手段です。ここを間違えないようにしたいところです。財政課は、「事業課は自分の課のことだけしか考えていない」と嘆きがちですが、その財政課自身が目先の予算編成に囚われすぎていないでしょうか。

　財政課職員は、とにかく「削りたい」という思いに駆られます。しかし、予算をつくる意味からすれば、本来は削ることではなく、必要なところに手厚く措置することが大切になります。メリハリを付けているつもりが、実際には削ることばかりを考えていないでしょうか。

　予算を削る理由ではなく、予算を付ける方法を所管課とともに考えるのがあるべき予算編成の姿です。それは、決してできっこない絵空事ではないはずです。

転ばぬ先のヒント

予算は未来をつくるもの。切るものではない。

④ 危機感の刷り込みは ほどほどに

──集まらない新規事業提案

失敗事例……アイデアが出ないのはなぜ？

　Ｔ市では、次年度予算編成に向けた新規事業の募集を行いました。市長の発案により、所属単位ではなく個人としての提案を求め、採用された場合、その事業の担当者になれるという特典付きでした。

　これまでの発想を超えた斬新なアイデアが期待されましたが、提案されたものは質・量ともに芳しいものではありませんでした。

「個人としての事業提案を募る」というやり方がハードルを上げてしまったのかもしれないと考え、予算編成に当たって、実現性にこだわらなくてもいいという前提で各課から新規事業を募集しました。最低各課１事業以上と設定したため、数は一定数集まりましたが、事業の内容は小粒なものばかりで、市長は知恵が出ないことを大いに嘆きました。

　なぜ、斬新な事業の提案がなされないのか。職員に聞いてみると、「入庁以来、縮小・廃止ばかりを求められてきたから、新規事業を立案しろと言われてもできない」「財政が厳しいと散々刷り込まれてきたので、新しい事業を考える癖が全くできていない」といった声が上がりました。デフレマインドが染みついてしまっているようです。

> ## ここがポイント
>
> 　予算編成に当たって、首長はどこの自治体でも行われていないような斬新な事業の提案を望みます。職員の意欲に期待したい思いもありますし、市民からいろいろな要望が寄せられているなか、時代の変化に対応しなければならないため、そう考えるのは自然なことです。
>
> 　しかし、職員からアイデアが出てこないケースもあるようです。通常業務に追われているうえ、日頃から財政が厳しい厳しいと言われ続けていては、「新たな発想を持て」と言われても無理な相談なのかもしれません。

解　説

◎財政状況に関する刷り込み

　図書館などで公共団体の財政状況について書かれた古い本を読んでみると、何十年も前から財政危機が叫ばれていたことがわかります。例えば国債残高については、「GDPを超えるような水準になったら大変なことになる」「もし、1,000兆円にでもなったら、利払いで国の財政はパンクする」というような言われ方もされてきました。実際には、国債残高がGDPを超えても大きな波乱はなく、その後も歯止めなく伸び続けています。

　今に至るまで国の財政は破綻していませんが、何十年間にもわたって財政の危機が訴えられてきた事実は消えません。これだけ長い間危機が伝えられているのですから、役所に入ってからずっとそればかりを聞かされてきたという職員も増えてきているでしょう。物心ついてから、ずっと景気が悪いと聞かされている職員もいそうです。ここまでになってしまうと、**いわゆる「デフレマインド」が骨の髄まで刷り込まれてしまっているのもやむを得ない**かもしれません。

　新しい発想での事業展開が期待されたとしても、染みついてしまった縮み志向からは、そう簡単には抜け出せません。「節約しろ」と言われ

れば頑張って節約できますが、「お金のことは気にせずどんどん提案してくれ」と言われても、なかなか意見を出すことができないのです。縮小均衡に慣れきってしまった頭からは、お金をしっかり使う事業の立案は容易ではなさそうです。

◎アイデアが生まれにくいメカニズム

「サーカスの象」のエピソードをご存知でしょうか。大きくて力があるサーカスの象が、なぜ細い鎖につながれたまま逃げ出そうとしないのか、ということについてのお話です。

答えは、「できないことを学習してしまったから」とされています。象は、幼い頃からサーカスに飼われています。はじめは逃げ出そうと試みたものの、まだ体が小さく力がなかったので、失敗してしまいました。そして、何度も何度も失敗するうちに、「自分にはできない」ということを学習してしまったというわけです。そのため、大きくなって力がついているのに、どうせ無理と決めつけて挑戦しようとしないのだというお話です。

私たちも、**試みたけれども状況を変えることができないといったことが続くと、ある種「諦め」のような感覚が生じ、「どうせできない」という気持ちになってしまう**ことがあると思います。これは「学習性無力感」と呼ばれ、質が悪いことに、この無気力は伝染する傾向があるそうです。こうなってしまうと、何に対しても後ろ向きな発想になり、できない理由、やらない口実ばかりを探してしまうようになります。

役所の中も、こうした空気が広がりやすい傾向があります。

入庁してからずっと「金がない、金がない」と聞かされ、新たな取組みを提案しても「新たにカネやヒトが必要になる事業なんかできるわけがない」と否定され続けては、急に「前向きになれ」と言われても無理な相談かもしれません。

時代の変化に伴い、ニーズも多様化しているなかでは、既存の事業を継続するだけでは市民の期待に応えることはできません。新しい発想を出す癖のようなものを身につける必要がありそうですし、それを奨励す

る工夫も求められているのでしょう。

◎良い予算をつくるためには

　財政課は、新規事業を警戒します。それはもはや「本能的」とでも言えるようなものかもしれません。予算編成時の苦労が染みついているので、そこからさらに新しい事業が追加されるとなると、予算が組めるかどうかの不安が先に立つのです。この不安感が、財政危機を訴え続ける原動力の一つになっているのではないでしょうか。

　予算を組むことに責任を持つ財政課が、抑制的に財政状況を伝えるのは当然といえば当然ですが、その結果として新しいことに取り組む意欲を萎えさせてしまっているのだとしたら、罪が重いことだと思います。

　予算は、「歳入の中に歳出が収まっていればいい」というものではありません。**市民の期待に応え、新しい問題の解決に役立つものであるべきでしょうし、役所の職員の知恵が結集した内容でありたいもの**です。また、100％とは言わないまでも、職員の納得感も得たいところです。

　そのためには、もし職員がデフレマインドの鎖につながれているのなら、それを解き放つ必要があります。新しい事業が次々提案されると、そこから取捨選択しなければならなくなり、予算をつくる際に財政課は苦労することになるかもしれません。しかし、それは嘆かわしいことではないはずです。新しいアイデアが生まれてこないことのほうがよほど深刻でしょう。

　財政課は、誇張せずしっかり事実を伝えましょう。市民サービスの充実につながるアイデアを求め、財政が厳しいのであれば、それを克服する知恵を庁内で結集しましょう。危機を刷り込むより、一丸となって乗り越えていきましょう。

転ばぬ先のヒント

危機を刷り込むよりみんなで乗り越える。

ときには「ハッタリ」も必要

──事業課からの信頼獲得に向けて

失敗事例……彼で本当に大丈夫?

　財政課に異動してきたＡ主任は、明るく前向きな性格ですぐに職場に溶け込みました。わからないことがあればすぐに質問をする素直な姿勢が好感をもって受け止められ、事業所管課にも積極的に足を運んでいるらしく、財政課長も安心して見守っていました。

　そんななか、財政課長は研修で一緒になったある課長から気になることを伝えられました。「Ａ主任が自分の課の担当で大丈夫か」というのです。どういうことか尋ねると、何か質問をしても、「異動してきたばかりでわかりません」と返されて、すぐに答えをもらえないため、課の職員が心配しているとのことでした。

　どんな質問をしたのか聞いてみると、確かに判断に迷う内容で、即答できないのもわかる気がします。前任がベテランだったので、比較されている面があるのかもしれません。

　財政課長は、ひょっとしたらＡ主任が正直に話しすぎているのが原因かとも思いましたが、素直さは大きな美点でもあり、そこをとがめるのも気が引けるところです。

ここがポイント

　財政課の予算係に配属されると、部や款で担当を持つことになると思います。個々の課は、財政課職員にとってはいくつもある担当の一つですが、その課からすればたった一人の担当者であり、知らず知らずのうちに大きな期待を寄せられることになります。

　財政課職員なら、予算に関することはもちろん、事業内容についてもある程度以上知っていて当然と見られるでしょう。コツコツ勉強していくしかありませんが、信頼してもらえるためにはどのように振る舞えばいいかということも、併せて考える必要がありそうです。

解　説

◎素直さが育む信頼

　財政課に限らず、どんな部署でも異動した最初の年は勉強することが山積みだと思います。先輩たちについていけるようになるまでに苦労するのはどこの課でも同じです。他の所属と違うところがあるとすれば、その勉強ぶりが周りからもわかってしまうことでしょう。よく勉強していれば「今度の担当はすごい」と思われますし、そうでもなければ「しっかりしてほしい」と感じられてしまいます。自分の課の同僚からだけではなく、関係している課の職員からもある種評価されてしまうのが、財政課職員の辛いところと言えるでしょう。

　しかし、どれだけ勉強したとしても、1年目は知らないことばかりのはずです。法規的なことや財政に関することを何とか覚えたとしても、これまでの経過やその事業のキーマンが誰かといった情報は、最初の年ではどうしても押さえきれないでしょう。

　そんなときは、素直に担当者に尋ねてみましょう。**「こんなことを聞いたら恥ずかしい」と考えるより、思い切って聞いてみることが大切**です。きっと快く教えてくれるはずです。話をするとコミュニケーションも図れますし、お互いの人となりも少しずつわかってきます。もちろん

今の時代ですから、あらかじめネットで検索してみて、それで用が済む可能性もありますし、財政課の前任者に聞けばわかることもあるでしょうから、そうしたひと手間は惜しまないようにしたいところです。

わからないことはわからないという素直さや、わからないときにそのままにせず思い切って聞いてみる姿勢が、徐々に信頼を生んでいくものと思います。

◎謙虚さ＋α

予算編成権を持つ財政課は、他の所属職員から特別な目で見られがちです。しかし、勘違いせず、謙虚さを失わないようにしなければなりません。一方で、ビシッとしているところも見せる必要があります。素直で謙虚、というのは人としては悪くありませんが、財政課の担当者として「頼りない」と思われないようにもしなければならないのです。

頼れるところを見せるのには、所管課からの質問にしっかり答えるのが一番です。支出科目で迷っている場合や流用の是非で相談を受けた場合などに、財政課としての見解を自信を持って伝えることができれば、信頼度が上がることでしょう。

もうひとつ、振る舞い方にも意識すべきときがあるのではないでしょうか。「頼れる」と思ってもらえるような、少なくても「頼りない」とは思われないような振る舞い方に気を付けましょう。

例えば、当初予算のヒアリングの際、「担当1年目で何もわかりませんがよろしくお願いします」とあいさつしてしまうのはいかがでしょうか。当初予算のヒアリングが行われるのは、10月以降のことだと思います。担当1年目とはいっても、すでに半年以上が経過しています。その段階で「何もわかりません」では、ちょっと困ります。

また、所管課と財政課の直接折衝の場面でも、頼れる一面を見せたいところです。こうした場面では、予算を付けてもらいたい所管課と、少しでも予算を少なくしたい財政課のせめぎ合いになります。担当としては、所管課の立場をしっかり伝えたいところです。普段世話になっておきながら、こうした場面ですっかり財政課の顔になってしまっては信頼

を失います。事業の趣旨や所管課が苦労している点、工夫している要素
など、所管課になり代わって伝えるようにすれば、信頼度が増すでしょう。

◎財政課に必要な「ハッタリ」とは

「知ったかぶり」という言葉があります。これは、「本当は知らないの
に知っているようなふりをすること」といった意味で、もちろん良いこ
とではありません。知らないことは知らないと素直に言うべきですし、
知らないのに知っているように振る舞っていたということがバレてしまっ
たときの悪影響も相当なものになりそうです。

では「ハッタリ」とは何でしょう。辞書を引くと、「相手を威圧する
ために大げさな言動をしたり強気な態度をとったりすること」といった
意味が最初に出てきます。これは、「ハッタリをかます」という場合の
意味でしょう。一方で、「ゆったりとしているさま」「ゆとりがあるさま」
といった意味もあるようです。

会議やヒアリングの際、わからない用語や過去の経緯が出てくること
があるでしょう。そのたびに素直に「わかりません」と言っていては場
が進みません。核心に触れる箇所で不明な点があれば確認するのもいい
と思いますが、そうでない場合、ゆったりとしているのも一つの手です。

また、**安請け合いは禁物ですが、あらゆることについて判断を留保し
ていてはなかなか信頼してもらえません。**もし自分で判断が付きかねる
のなら、「ここまでは自分で決められるけれど、この先はできない」「持
ち帰っていついつまでに返答する」と具体的に示しましょう。**中途半端
な状態を放置しないのも**ポイントの一つです。

転ばぬ先のヒント

素直さ、謙虚さ、そしてもう一押し。

6 リップサービスは ほどほどに
── 予算ヒアリングで論争勃発

　ある年の財政課とＢ課との当初予算ヒアリングは、何やら険悪な雰囲気になってしまいました。Ｂ課の職員が「去年の約束を守ってくれ」と言い出し、財政課は「そんな約束をしているとは聞いていない」と返したからです。

　Ｂ課の言い分はこうです。

「去年の予算では、市道を整備する路線として５本を要求した。こちらとしてはどれも大切なものだったが、財政の担当者が『来年は５本認めるから』と言ったので１本諦めた経緯がある。今年になって、『去年並みの４本にしてくれ』というのは話が違う」

　去年の担当者はすでに異動してしまっていますが、財政課の予算担当者が来年の事業を約束するとは考えにくいため、素直に「そうだったんですね」とも返事ができかねました。

　後日、異動した職員に聞いてみると、「次の年に５本認めると約束したりはしていない。ただ、『４本で我慢してくれれば来年は頑張る』くらいは言ったかもしれない」とのことでした。Ｂ課との信頼関係にも関わるだけに、財政課長も対応に頭を悩ませています。

ここがポイント

　予算編成は、どんな年もギリギリの綱渡りで進められます。何としても歳入の範囲内で収めなければならない財政課と、何とかして予算を獲得したい事業課が、時には腹の探り合いをしながら交渉を進めることもあるでしょう。

　財政課の担当者としては「個人の意見」を述べたつもりでも、言われた側は「財政課を代表した見解」と受け取ります。交渉を終わらせるために、何か相手が喜ぶものを渡したくなる気持ちもわかりますが、見込みのない約束をしてしまうと禍根を残す結果となってしまいます。

解　説

◎担当者に「予算額を決定する権限」はない

　「リップサービス」という言葉があります。辞書を引くと「耳あたりのよいことば」「口先だけで聞こえがいいことを言うこと」といった意味が出てきます。政治家の発言について、この表現をすることが多いでしょうか。少し違った意味で、聴衆や交渉相手の気に入りそうなことを伝えて、気持ちをこちらに持ってこさせるようなときにも「リップサービス」という言葉が使われます。「お土産」というニュアンスに近いかもしれません。

　予算編成における財政課と所管課の調整のなかでは、お互いが少しずつ譲り合って落としどころを見つけていくことがあります。駆け引きとして、財政課は厳しい顔をするでしょうし、所管課も少し多めの額を提示しているということがあり得ると思います。財政課は、何とか予算をつくらなければならないため、おだてたり驚かしたりしながら、要求額を詰めていくように努めます。こうした状況では、「リップサービス」に近いことを言わないと収まらないこともあるかもしれません。

　しかし、当然ながら、担当者には予算額を決定する権限はありません。**「頑張ります」**や**「この線で上に諮ってみます」**は言えても、「では、こ

の額で決定します」とか「今年査定した分は、来年間違いなく付けます」などと言ってはいけません。どこまでなら言ってもいいか、財政課職員はその境界線を十分意識しておく必要があります。

◎言った、言わない論争に深入りしない

交渉事でよく起こる「言った」「言わない」論争。

不毛な争いですが、おそらく今日もどこかで起きています。予算編成における調整中も、よくあることだと思います。

「財政課が『予算をつける』と言った」

「いや、言うわけがない」

「財政の担当者が『補正すればいい』と言った」

「いや、そんなことは言わないはずだ」

といった具合です。

一般に財政課の職員は慎重ですから、空手形を切るような発言をするとは考えにくいところです。しかし、事業課が嘘をつくこともないでしょうから、そう受け取られかねないようなことを言ってしまったのかもしれません。

「言った」「言わない」論争に深入りしてしまうと、どちらかが折れるまで終わらなくなります。そうなると、たとえこの話が終わっても関係性は悪いままとなってしまうでしょう。ですから、「言った」「言わない」という水掛け論にはならないように気を付けましょう。

もちろん、気を付けていてもそこに陥ってしまうことはあり得ると思います。そうなってしまったら、そこからはできるかぎり早く離れましょう。そして、**言ったかどうかではなく、目の前の事象を解決するためにはどうしたらいいか、という方向**で話を進めたいところです。

ただし、「言った」「言わない」には最初からしないほうがいいので、そうならないための工夫はしておきたいところです。例えば、**その日に話したことをまとめて、お互いに確認し合う**といった方法が考えられます。あまり堅苦しくやりすぎると、かえって信頼関係に傷がつく恐れもあるため、そのあたりは気を付けましょう。

◎相手の立場に立って、正々堂々と

「腹芸」という言葉があります。もともとは芝居などにおいて、役者が台詞や動作ではなく、感情を内面的に抑えてその人物の心理を表現する演技のことをいうそうです。

この言葉、交渉事においては、「秘めているはかりごとなどを言葉や行為に出さず、腹の中で企むこと」「実際の思惑と異なる振る舞いをして、物事を思うように動かそうとすること」といった意味に使われます。

こうしたテクニックは、うまくいけば「してやったり」の感になるかもしれませんが、やられたほうはいい気持ちはしません。まして予算編成のように継続して行われる交渉では、なるべく裏表なく接したいところです。

財政課職員は、何としても予算をつくらなければならないので、どうしてもお金の帳尻に気持ちが行ってしまいますが、事業所管課の立場に立つことも忘れないようにしなければなりません。**本当に必要と考えている事業である場合や、何年もコツコツ準備してきたような取組みについては、財政部門も真摯に対応するべきでしょう。**反対に、予算要求はしてきたものの、「周りもやっているから」とか、「ちょっと思いついたから」といったレベルのものは、厳しく見るのが当然でしょう。

そして、「駄目なものは駄目」「予算を付けられないものは付けられない」と、正々堂々伝えるようにしたいものです。思わせぶりな態度やあいまいな約束をしながら、内示でバッサリでは、信用してもらえなくなります。正面から厳しいことを伝えるのは同じ役所の職員だけになおさらしんどいことですが、避けるとかえってややこしくなってしまいます。

転ばぬ先のヒント

真摯に、相手の立場に立って。

⑦「負の連鎖」に終止符を打て

── 繰り返される不正・改ざん

失敗事例………不適切な処理で信用失墜

　2021年、国土交通省が、国の基幹統計の一つである「建設工事受注動態統計調査」を長期間にわたって不適切に処理していたことが明らかになりました。

　この建設受注統計は、建設業許可を持つ事業者を対象に毎月実施しているもので、建設会社の調査票の提出が期限に間に合わなかった場合、都道府県にデータの書き換えを指示していたとされています。

　また、提出されなかった月に計上された値を削除せずに残していたため、結果的に二重計上のような形になったと指摘されています。データを書き換える際には、原票を消しゴムで消して直していたと伝えられています。

　この問題への対応として、国土交通省では、事務次官をはじめ10人を処分し、国土交通大臣など政務三役は給与の自主返納を行いました。

　国の基幹統計についての不適切な処理は、GDP数値に影響が出るなど、各方面に波紋を広げました。国の現状を正しく知るために実施されている統計がないがしろにされていたことは、公的機関への信頼感を大きく失わせるものでした。

```
━━━━━━ ここがポイント ━━━━━━

  国土交通省による本事例は、国の基幹統計であり、GDPなどにも影
響が出ることが見込まれるうえ、組織的な関与が疑われたことから大き
く世の中を騒がせることとなりました。
  統計とは少し異なりますが、検査数値の不正となると、大企業でもこ
れが行われて大問題となることが少なくありません。
  もちろん、自治体も他人事ではありません。不適切な処理は、誰かが
どこかで止めないと、ズルズル続いていってしまいます。
```

解 説

◎負の連鎖は役所だけではない

　2018年、財務省による森友学園に関する文書の書き換えが報じられ、
政権を揺るがす騒動となりました。関連した多くの職員が処分されまし
たが、役所が文書を改ざんしてしまうとなると、社会の信頼を根本から
覆すことになってしまいますので、職員の処分では取り返しがつかない
ような不祥事だといえるでしょう。

　しかし、こうした不祥事は役所に限った話ではありません。

　2022年、日野自動車によるエンジン性能試験データ改ざん問題が明ら
かになりました。少なくとも2003年から不正が行われていたとされ、誤
りが正されないままに長い年月が経ってしまったことが判明しました。

　この不正について調べた報告書には、「ミスや過ちを認めることので
きない風土」「『どうせ言ったところで何も変わらない』といった諦め感」
「セクショナリズムや序列意識の強さ」といった内容が書かれています。
まるで役所の不祥事についての報告書のようですが、組織というものは
大なり小なりこのような傾向を持つのかもしれません。

　その他、三菱自動車における認可試験申請データ詐称、日産自動車完
成車検査の不正事件など後を絶ちません。ちなみに韓国の現代自動車や
ドイツのフォルクスワーゲンなど、海外企業でも不正は続出しています。

もちろん、民間企業の不祥事は自動車会社に限りません。あらゆる職種にわたっていると言っても過言ではないでしょう。今に始まったことではなく、延々と不正が繰り返されてきた事例も少なくありません。

◎間違いを正せない心理

　事例にある「建設工事受注動態統計調査の不適切処理に係る検証委員会」より提出された報告書には、以下のような記述があります。

「対外的に、本件二重計上の事実を明らかにせず、令和三年４月分からの推計方法の変更に潜り込ませて本件二重計上の問題が表沙汰にならない形で収束させようとしたと認められ、これを『隠ぺい工作』とまでいうかどうかはともかく、幹部職員において、責任追及を回避したいといった意識があったことが原因と考えざるを得ない」

　さらに、一連の国土交通省の対応について「事なかれ主義の現れと言っても厳しすぎることはなかろう」と指弾しています。

　おそらくここに書かれている内容は、不祥事を起こした団体に共通の心理を表しているでしょう。問題があることを認識しながら、「何とか表沙汰にしたくない」「責任は取りたくない」「自分が担当のうちは、平穏に過ぎてほしい」という気持ちに負けて、うやむやにする方向に力を尽くしてしまいます。**不正を続ける期間が長くなればなるほど問題は深刻化する**のですが、それよりも目先のことが無事に過ぎればそれでよいと考えてしまうのです。役所の場合、その業務を担当する期間はそれほど長くない可能性があります。異動の多い国や県では、２年ほど気づかれずに過ぎれば、それで逃げ切った感じになるのかもしれません。

　また、間違いを正そうとすると、現在担当している自分たちだけではなく、これまでその仕事を担ってきた先輩たちを苦しい立場に追いやることになります。そこを踏ん張って正しいことをしようとすると、強い心と勇気が求められます。普段の業務ではなかなか培うことのできない分野の精神力かもしれません。

◎連鎖を食い止めるために

　長年にわたって不正が続けられてきた事例や組織ぐるみの不祥事に関する報道に接すると、「その間、なぜ何もできなかったのか？」と第三者は疑問に感じます。しかし、役所に限らず民間でもそうしたケースが続発しているように、間違いを正すのは簡単なことではありません。まずはそのことを理解しましょう。「勇気を持てばできる」と言われるかもしれませんが、影響を考えると言い出せないこともあると思います。

　では、どうすればいいのでしょう。そうした事例に出くわした場合、適切な対応に向けて相談できるような担当部署が設置されていればありがたいところですが、あいにくそうしたものが用意されている組織はあまりないでしょう。であれば、あらかじめ相談できる窓口を個人的にできるかぎり持っておくといいかもしれません。信頼できる人に相談すれば、適切なアドバイスをもらえる可能性があります。

　先輩たちの顔に泥を塗ることになりかねないため、間違いを正すのを躊躇することもあるでしょう。しかし自分が止めないと、今度は後輩たちに迷惑をかけることになってしまいます。**同じ思いを後輩にさせないためには、不正の連鎖をここで終わらせる必要がある**のです。

　人は弱いものです。映画やドラマの主人公が見せるような勇気や気概は、簡単に持てるものではありません。それをわかった上で、できれば組織として対応したいところです。**誰かをつるし上げるのではなく、組織としてしっかり反省する形にすれば、何とか乗り越えられる**のではないでしょうか。間違うことを前提に、そのときに対応することができる仕組みがつくられていれば、負の連鎖には陥らないはずです。

> **転ばぬ先のヒント**
>
> ### 止められる仕組みを。

8

数字は一人歩きする

──マスコミへの情報提供で大混乱

失敗事例⋯⋯全く意図せず国民的関心事に

2019年、「老後2,000万円問題」が世間を大きく騒がせました。

きっかけは、金融庁の金融審議会「市場ワーキング・グループ」が公表した「高齢社会における資産形成・管理」という報告書でした。

この報告書の中で、平均的な高齢夫婦無職世帯の支出と年金受給額との差は1月約5万5,000円であり、「年金だけで暮らそうとすると30年間で約2,000万円不足する」という試算がなされました。この2,000万円という数字が、大きく取り上げられたのです。

年金だけですべての支出を賄えない世帯があるのはごく当たり前の話であり、2,000万円という不足額も極端な数字とは思えません。今から振り返ると、なぜあれほど大騒ぎになったのか理解に苦しむところですが、当時はワイドショーでも連日取り上げられるほどの国民的関心事となってしまいました。

冷静に考えれば当然のことを言っているだけでも、時によっては人の感情を逆なですることがあるという事例です。

「数字が一人歩きする」怖さを思い知ったという方も少なくなかったのではないでしょうか。

ここがポイント

　喉元過ぎれば、という感じで、「老後2,000万円問題」もすっかり過去の話になっています。なぜあれほどの議論の対象になったのか、今ではうまく理解できません。

　しかし、日本中を巻き込む大騒動になったのは事実です。タイミングや表現方法などに気を付けないと、数字が一人歩きをして思わぬ波紋を広げてしまう典型例になってしまいました。

解　説

◎老後2,000万円問題をもう少し詳しく

　大騒動になってしまった金融審議会「市場ワーキング・グループ」の報告書ですが、中身はごく常識的な内容となっています。2,000万円問題の根拠とされた箇所も、下記のように書かれているだけです。

・夫65歳以上、妻60歳以上の夫婦のみの無職の世帯では毎月の不足額の平均は約5万円と見積もられること
・その先、20～30年の人生があるとすれば、不足額の総額は単純計算で1,300万円～2,000万円になること
・この金額はあくまで平均の不足額から導き出したもので、不足額は各々の収入・支出の状況やライフスタイル等によって大きく異なること

　その上で対策としては、「重要なことは、長寿化の進展も踏まえて、年齢別、男女別の平均余命などを参考にした上で、老後の生活において公的年金以外で賄わなければいけない金額がどの程度になるか、考えてみること」としています。

　しかし、数字が一人歩きし始めると、報告書の内容はあまり気にされなくなってしまいます。「2,000万円足りない」ということばかりがクローズアップされ、「これでは年金保険料を払っても仕方がない」「100年安心のはずではなかったのか」といった感情的な議論に終始しました。

騒動は収まらず、最終的には、当時の麻生太郎金融担当相が「世間に著しい不安や誤解を与えており、これまでの政府の政策スタンスとも異なる」と同報告書の受け取りを拒否するという顛末となりました。

◎役所内での数字の一人歩き

老後2,000万円問題は、世の中で数字が一人歩きした例ですが、**閉じた世界である役所の内部は、さらに数字が一人歩きしがち**です。

例えば、庁内で前年度の決算状況を説明する機会があり、その際、財政調整基金についての質問がなされ、これが大幅に増えていたとします。財政課としては、決算段階で財調が増えていたことは事実であるものの、新年度予算を組むためにかなりの額を取り崩しているので、決して余裕があるわけではないと伝えたかったとしても、財調が前年より20億円増えていれば、数字が一人歩きする可能性があります。

「どうも貯金が増えていて、実はうちの市の財政は悪くないらしい」

「財調が20億円増えたってことは、その分財源が増えるってことだから、来年の予算編成は楽らしい」

といった具合です。

財調が増えたことは事実ですし、そのこと自体は悪いことではないので、あまり必死に火消しに回るのも妙な話です。かくして、「20億円の余裕がある」ということが既成事実化されたりします。

反対のケースもあります。予算編成に関する状況説明をする際、予算要求段階で歳入見込額と歳出要求額に100億円もの差があり、予算編成に苦慮していると話したとします。

実際のところ、最初の予算要求段階では地方債が入っていなかったり、基金からの繰り入れを見込んでいなかったりするので、歳入と歳出に大きな差が出るのはいつものことかもしれません。しかし、そこを突っ込んで説明する前に副市長に引き取られ、「100億も差が生まれてしまったのは、要求する側に危機感がなさすぎるからであり、予算編成に向けて財政に協力するように」と言ってもらえたとします。そうすると今度は100億の出っ張りが一人歩きを始めます。

「歳入と歳出の差が100億もあって、副市長が怒ったらしい」
「税収はよくて横ばいくらいだろうから、100億の差は埋められないん
　じゃないか」
といった具合です。

◎慎重に、しかし怖がりすぎず

　老後2,000万円問題で波紋を広げた金融庁の金融審議会「市場ワーキング・グループ」のみなさんは、報告書作成時にはこんな騒ぎになると夢にも思っていなかったはずです。それどころか、「読んでくれる人がいるだろうか」くらいの気持ちではなかったでしょうか。

　数字は歩き始めると、場合によってはどこまでも行ってしまうことがあるという事例です。反対に、取り上げてもらおうと思って、少しオーバーに数字を盛った報告書が全く注目されなかったりすることもあるでしょうから、なかなか難しいものです。

　こうした騒ぎを目の当たりにすると、なるべく具体的な数字は書かないようにしたいとの思いが働くかもしれません。曖昧に書いておけば、歩き出すこともないでしょうから。

　しかし、それでは議論が前に進まない可能性があります。具体的な数字なしでは、次の段階に進めないということもあるでしょう。数字を示すときは慎重であるべきですが、怖がりすぎないようにしたいところです。2,000万円問題のようなケースはむしろ稀ですから、杞憂の語源のように「空が落ちてこないか心配する」といった状態にならないようにしましょう。

　「わかりやすく、使いやすく、歩き出しやすい」という数字の特性を理解した上で、適切でわかりやすい情報開示を進めたいところです。

転ばぬ先のヒント

数字の特性を知りつつ、
一人歩きを怖がりすぎない。

9 思いが噛み合わない と嘆くより

── 首長との意思疎通

失敗事例⋯⋯⋯意向を汲んでつくったつもりが

　ある年のW市の予算編成作業は、例年以上に厳しいものでした。市の雇用を担ってきた大規模工場が閉鎖となり、税収の減が見込まれるなか、清掃事業所の建て替えに伴って借り入れた市債の償還が始まったからです。

　そんななかでも、市長が公約として掲げた事業については何としても盛り込もうと懸命な査定を行いました。何とか予算を組める目途がついたときには、財政課職員一同、肩の荷が下りた感じがしました。

　市長査定の初日。財政課長は、職員をねぎらいたいとの思いもあり、今回の予算編成がいかに厳しかったか、どんな工夫をして公約となっている事業を盛り込んだか、といったことについて熱弁を振るいました。

　しかし、ふと顔を上げると市長はしかめ面です。ほめられることを期待していた財政課長は、驚いてしまいました。翌日、財政課長は副市長から呼び出されました。なんでも、市長は「自分のやりたかったことがことごとく削られている」と不満だったとのことです。「そんなはずは⋯⋯」と財政課長は意外の念を強く持ちました。

> ## ここがポイント
>
> 　言うまでもなく予算を編成する権限は、各自治体の首長にあります。財政課にあるわけではありません。財政課は首長の意向を受けて、そのサポートをする役割を担います。
>
> 　財政部門は首長と意思疎通を行う機会が多いでしょうから、予算編成においても思惑にズレが生じないように努めているはずです。しかし、首長には政治家としての側面があり、役人である財政課の考え方とはピタリと合わないこともあり得ます。首長の納得が得られなければ予算編成は終わりませんから、要所で確認しながら進めなければなりません。

解　説

◎財政課の役割

　財政課の仕事は、将来を見据えた予算をつくることです。次の年度のお金の辻褄が合えばいいというだけではなく、未来に禍根を残さない、先につながる予算を組まなければなりません。そうした使命を帯びているため、首長が推している事業でも、経費に見合う成果が得られない場合、厳しい判断が求められることもあるでしょう。

　もちろん、最終決定権は首長にあり、判断が下された場合、それに従うのが当然です。そうだとしても、唯々諾々と従えばいいというものではないと思います。

　首長の意向が極力予算に反映されるように努めるのも、財政課の役割の一つです。**首長の思いを聞く場をできるかぎり持ち、その一方で財政状況への共通認識を持つような工夫**もしておきたいところです。

　首長にはいろいろなところから情報や要望が入るため、予算編成作業中であっても考え方が微妙に変化する可能性があります。首長の意向は、折に触れて確認するようにしましょう。

　財政状況については、「厳しい」と言うだけでは何も伝わりません。なぜ厳しいのか、どのくらい厳しいのか、他自治体や過去と比べてどの

ように厳しいのか、いつまで厳しいのか、といったことを含む突っ込んだ話し合いをしておきたいところです。

◎首長公約の位置付け

　予算編成において判断に迷う項目の一つは、首長公約をどう考えるかということだと思います。

　通常、新しい事業を実施する場合には、総合計画の実施計画に位置付けるといった過程を踏むことが多いでしょう。自治体の方向性を左右するような内容であれば、総合計画そのものを修正する必要もあるかもしれません。予算化するための手順が規定されているというわけです。しかし、首長に就任した最初の年の予算編成ではそれらの手続きが間に合っていない可能性があります。つまり、通常の流れには乗れていないことになります。とはいえ、新たに選ばれた首長とすれば、公約は有権者と交わした大切な約束であり、直ちに実施したいと考えるでしょうから、そこをどう調整するかがポイントとなります。

　財政課とすれば、実施を1年先送りし、その自治体のルールに則って、しっかり位置付けをしてから事業化してほしいと考えるでしょう。議会対応や今後の予算編成への影響などを考慮してもそうしてもらいたいところです。ただし、「いつまでに何をやる」といった形の期限を区切った公約のなかで、「1年目にはこれをやる」と宣言されているような場合、先送りは難しくなります。

　執行部側が、首長に対して「総合計画に位置付けていないから無理です」と原則論だけを伝えてしまうと、公約と総合計画とどちらが大切なのか、もしくはどちらを優先すべきなのか、といった議論になる可能性もあります。どちらも大切なものなので、その議論になると平行線をたどることになるでしょう。そうならないようにするためには、**首長就任時から予算編成作業に至るまでに、十分話をしておく必要があります**。

◎繰り返しの状況共有

　予算編成作業の真っ只中では、財政課はまわりの声を取り入れたくなくなってしまうものだと思います。とにかく数字の辻褄を合わせるのに懸命になるため、いろいろ蒸し返されるのは避けたくなるからです。首長の意向についても、予算編成に取り掛かる前にしっかり聞いているでしょうが、途中段階ではあまり確認しないのではないでしょうか。

　10月くらいから本格的に予算編成に取り掛かり、年明け1月に首長査定を迎えるとすると、この間3か月以上あります。これだけの期間があれば、社会情勢は大きく変わる可能性があります。首長の考える事業の優先順位も入れ替わっているかもしれません。**首長に予算案を示してから指示を受け、「今さらそんなことを言われても」と嘆くより、随時意向を確認しながら進めるべき**でしょう。

　一般に、財政課は他課と比べて、首長との距離が近い立場です。決裁をもらいに行くことも多いでしょうし、補正予算のたびに、それなりの時間をかけて意見交換をすることもあるでしょう。首長としては、距離が近いだけに、自分の思いが伝わっているものと思い込みます。しかし、**話をする機会が多くても、それだけで思いを受け取れるものではありません**。まして財政課は、本能的に予算を削りたいと考えるでしょうから、なおさら思いを受け取れていない可能性があります。

　首長の思いをしっかり受け取りつつ、財政課が考えるあるべき方向性と合致させるためには、随時状況を共有することが近道です。あまり気が進まない気持ちもわかりますが、良い予算を作るためには避けて通れないのではないでしょうか。

転ばぬ先のヒント

思いを受け取るのは難しいと知っておく。

⑩ 「えこひいき」と思われるなかれ
── 資料配布で議員からクレーム

失敗事例⋯⋯⋯「不公平じゃないか！」

　M市において、○年度当初予算を審議する第1回定例会の予算委員会が紛糾しました。最大会派の××クラブから、「当局からの資料提供が不公平である」との指摘が入ったためです。

　××クラブは、当初予算について説明を受けるヒアリングにおいて、特定の会派のみに詳細な情報が提供された事実があったとして、「こうした不公平な状況では審議に応じられない」と主張しました。××クラブは、M市議会における最大会派であり、市長与党と見られていただけに、執行部も大きな衝撃を受けました。

　執行部は、こうした状況になってしまったことを陳謝するとともに、経緯を調査すること、不均衡が生じている資料については直ちに配布することを述べましたが、事態はすぐには収まりませんでした。

　予算委員会は、半日近く空転した後、執行部側が改めて陳謝するとともに、今後このようなことがないように全庁的に周知徹底することを約束して、ようやく再開しました。しかし、当初予算の審議に入る前に、大きなしこりを残す格好になってしまいました。

ここがポイント

議案を審議していただくにあたっては、執行部側とするとなるべく実情を理解してほしいと考えるのが自然でしょう。そのため、想定問答などをびっしり作り、聞かれたことには懇切丁寧に答えようとしていると思います。

そんななかで、「こんな資料ないの？」と求められたら、応えようと思うのがこれも自然だと思います。ただし、求められた会派だけに資料を渡すと、思わぬ摩擦が起きる可能性があるので注意が必要です。

解　説

◎議員の思いを推察すると

通年議会制を採用している自治体を除き、地方議会は年4回の定例会を基本として運営され、そのたびに議案が提案されます。

普段は情報を出し渋る傾向にある執行部側が、議案を出しているときばかりは、何とか賛成してもらいたい思いで、資料を提供します。議員も、しっかり理解して議決するためには十分な情報が必要だと感じることでしょう。

議案の詳細な説明は会派ごとに行うケースが多いと思いますが、当然、会派ごとに微妙な心境の違いがあるものでしょう。

首長与党とされている会派は、自分たちが支えているという意識があるだけに、「他よりも丁寧な説明がなされるべき」と考えるのではないでしょうか。逆に、「どうせ賛成するのだからと丁寧な説明がもらえていないのではないか」と勘繰ってしまう傾向もありそうです。

一方、首長から提出された議案に対して、基本的に反対の立場で臨むという会派があります。こちらの会派は、議決に向けて協力的ではないからという理由で、「自分たちへの扱いがぞんざいになっているのではないか」と考えがちだと思います。

かくして、**与党側も野党側も、どちらも疑心暗鬼になっている**という

ケースがあり得るのではないでしょうか。

◎他意は全くなくても

　一般質問は聞かれたことに答える場であり、できないものはできないと答えるしかないのですが、議案の審議はこちらから提案したものを議決してもらう必要があります。否決されては困るので、執行部側としては何とか説明を尽くそうとします。

　また、説明していくなかで議員の理解が深まり、そこから突っ込んだ質問を受けた場合、それに何とか答えたいと考えるのが人情というものでしょう。日頃あまり注目されていない事業について詳しく聞かれたりしたらなおさらです。

　そうした際に、より深く知ってもらおうと、**追加の資料を提供することは決して責められることではない**と思います。それによってさらに理解が深まり、しっかり納得していただいた上で議決してもらえるなら、それに越したことはありません。特に問題になることなく過ぎていくケースも少なくないでしょう。

　しかし、**追加の資料提供を受けた議員が、そのことを吹聴してしまう**と話は変わってきます。

　例えば、「○○課の職員さんはとても熱心で好感が持てる。議案のヒアリングでいろいろ質問してみたら、追加でわかりやすい資料を作ってきてくれた。うちの会派は議案に反対することも少なくないんだけれど、こちらが一生懸命に審議しようと思っていることが伝わったのだろう」といった感じで話してしまったとします。

　こうなると、いつも執行部側に立って議案に賛成している会派は面白くないでしょう。「うちに資料を示さなかったのは軽く考えているからなのか」という話になり、「そもそも会派ごとで提供される資料が違うことなどあっていいのか」ということになります。

　資料を提供した側に、何らの他意はなかったのだとしても、一度こじれてしまうと、これを修復するのは大変です。なかには、こうしたもめごとを待っている議員がいることもあるため、なおさらややこしくなる

可能性があります。

◎議論を深めるために恐れすぎず

　議会に資料を提供するときには、いろいろなことを考えてしまうものです。「間違いがないように」というのは当然のことですが、それだけではなく、「突っ込みどころを与えてしまうのではないか」「深い質問につながるのではないか」など、取り越し苦労といえるような気持ちになることもあるでしょう。

　それだけに、「いっそのこと議会に提供する資料は極力少なくしたい」と考える人も出てくると思います。資料を渡しさえしなければ、それをもとにした展開はないはずですから。

　その気持ちもよくわかりますが、議員に求められたものについては、なるべく応えたいものですし、**議論を深めるために必要な資料について出し惜しみはしたくない**ところです。

　議員への説明は、できるかぎり丁寧に、わかりやすく、そして議案について求められた資料があれば、こちらもできるかぎり示すようにしたいものです。少しでも理解していただけるようにとの思いで提出した資料について、重箱の隅をつつくような質問は出ないはずです。

　ただし、資料の出し方には慎重さが必要です。**会派ごとにばらつきがあるのは避けましょう**。「後で全会派に配るからいいや」という考え方も避けるべきです。「資料の配布は、同じタイミングで同じものを」が鉄則です。良い資料で議論を深めましょう。

転ばぬ先のヒント

議会への資料配布は丁寧に、慎重に。

11 功罪両面を受け止めて

── ふるさと納税の悲喜こもごも

失敗事例……特産牛で成功！のはずが…

　年明け１月、Ｊ市の財政課において暗い表情が並んだ報告会が行われました。今年度から本格的に参入したふるさと納税の結果が、見込みを大きく下回ってしまったからです。

　Ｊ市を含む地域は、○○牛の特産地として知られ、隣の市はそれをふるさと納税の返礼品として大きな収益を上げてきました。出遅れたＪ市はしばらく様子見を続けてきましたが、地元からの要望もあり満を持して参入しました。

　Ｊ市が返礼品として用意した牛肉は、大きな収益を上げている隣の市のものと全く遜色ありません。初年度というハンデを差し引いても、少なくとも半分くらいの寄附額にはなると見込み、そうなったら億単位の増収になると皮算用をしていました。しかし、書き入れ時の11月、12月になってもあまり反応がなく、そのまま年を越してしまいました。

　副市長からは「○○牛を用意しさえすれば間違いないはずじゃなかったのか」との叱責を受けました。来年度に向けて、やり方を見直さなければならないと反省しきりです。

ここがポイント

　ふるさと納税というと、「○○市が特産品を返礼品にして×億円集めた」といった華やかな話題が報じられることがよくあります。一方で、「都市部では△億円の流出になっている」といった制度論が語られることもしばしばです。

　その陰で、うまくいかなかった事例も積み上がっています。「近隣市の成功にあやかろうとしたもののさっぱり反応がなかった」「在庫切れで発送できなかった」など、悲喜こもごも生まれています。

解　説

◎ふるさと納税を活用した独自の取組み

　金額にばかり注目が集まりがちなふるさと納税制度ですが、この仕組みをまちづくりに活かしている自治体があります。代表的な例は、北海道の東川町だと思います。

　ふるさと納税の仕組みで多額の寄附を集める自治体は、肉や魚の特産地であるパターンがよく見られます。特産品をお得にもらえることが寄附につながっているようです。東川町も返礼品に工夫を凝らしていますが、その点だけを比較されてしまうと差別化が難しかったのではないでしょうか。東川町は別の道で寄附者の関心を集めることに成功しています。それが「ひがしかわ株主制度」です。

　この「ひがしかわ株主制度」は、東川町を応援しようとする人が寄附をすることによって「株主」となり、まちづくりに参加するという仕組みです。この制度では、「寄附」を「投資」と呼び替えています。株主になると、東川町ならではのプロジェクトの中から投資したい事業を選べるほか、「特別町民」に認定されたり、「株主証」の発行を受けたりといった特典があり、宿泊優待を受けることも可能となります。

　東川町が用意しているプロジェクトは、どれも魅力的で壮大なものです。単に寄附金を集めるのではなく、東川町に来てもらい、好きになっ

てもらって、まちづくりを共に進めるパートナーになってもらうことまで考えているのだと思います。

その効果もあってでしょうか、移住される方が増え続け、東川町の人口は増加傾向にあるようです。

◎行きすぎたふるさと納税

ふるさと納税に係る返礼品については、金券的なものが見られたり、多額の還元率を訴えたりと、趣旨とかけ離れた過当な競争への批判が高まりました。こうなってしまうと、マーケティングも何もなくなってしまいます。見かねた国が、調達費を寄附額の30パーセント以下とするルールを導入して歯止めを掛けましたが、できれば地方のなかの自浄作用で止めたかったところです。

2022年4月時点で、このルールに違反したとして、高知県奈半利町、宮崎県都農町、兵庫県洲本市がふるさと納税の対象団体としての指定を取り消されました。これら3自治体は、いずれも非常に多額の寄附を集めていた自治体であり、適正な活用の先導役を期待される存在であっただけに、制度への信頼が大きく揺らぎました。

なかでも奈半利町では、ふるさと納税の担当者が逮捕される事態にまで発展しました。逮捕された職員は、ふるさと納税の返礼品の選定や発注を巡って便宜を図り、返礼品業者から金銭を受け取ったとされています。公判では「多額の金を動かし、金銭感覚がおかしくなった」と述べたそうです。事業者もふるさと納税のうまみに乗せられてしまった感があります。

ふるさと納税制度で多くの寄附を集めるためには、お得感を打ち出す必要があります。しかし、ライバルは日本中の自治体ですから、簡単に注目してもらうことはできません。そこで、いろいろな無理が生じてしまい、しかも一度それで大きな売り上げが立ってしまったことで引くに引けなくなってしまったという構図があったのでしょう。競争している面もありますので、背伸びしなければならないケースもあるかもしれませんが、ルールを踏み外しては制度が成り立たなくなります。**自制心を**

持ち、寄附額だけを追わないように気を付けたいところです。

◎財政課が初めて市場に向き合う

　自治体の財政課は、ある意味受け身の仕事をしてきたと言えるかもしれません。事業所管課からの予算要求を待ち、それに対してあれやこれやと突っ込みを入れ、要求額を削るのが役割のようなところがありました。過去形ではなく、現在もそのような仕事の進め方をしているところもあるでしょう。

　いくら投資したらいくら返ってくるといったことの見極めや、市場ではどのようなものが求められているのかといった目利きは、財政課にはあまり必要とされてきませんでした。手堅くいくのが財政課の正しいあり方と考える人もいるかもしれません。

　しかし、ふるさと納税ではそうはいきません。地元の中で商品を探し、それが市場で求められているかどうかを考え、値付けして、売れるかどうか判断しなければなりません。そして結果ははっきりと出ます。うまくいってもいかなくても、自分たちで受け止めなければなりません。

　財政課が当事者として市場に向き合ったのは、これまでにはほとんどなかったことだと思います。そしてこのことは、予算編成を行う上で貴重な経験になったのではないでしょうか。事業所管課の気持ちだけではなく、民間事業者の苦労の一端も身をもって知ることができたのではないかと思います。地元の良さやポテンシャルについても改めて気づいたかもしれません。

　これらのことは、ふるさと納税の真の目的ではなく副次的な作用ですが、財政課にとって貴重な経験になっているものと思います。

転ばぬ先のヒント

ふるさと納税には良い面も悪い面も。

「コミュニケーション」の
難しいことときたら

　家族を描くドラマや小説で、こんなシーンに出くわしたことがないでしょうか。

　何年も連れ添った夫婦が、何かのきっかけですれ違うようになり、二人の間にすきま風が吹き始めます。そしてどちらかが、ぽつりとこぼすのです。

　「こんな人とは知らなかった」

　こういうことが実際にどのくらい起きているのかわかりませんが、身につまされている人もいるでしょう。どれだけ長い時間一緒にいても、本当にわかり合うのは難しいということなのだと思います。

　夫婦でさえそうなのだとしたら、職場でのコミュニケーションが難しいのは当然としか言いようがありません。

　同じ言葉であっても、伝える人によって全く受け取られ方が違うのはよくあることです。さらに、同じ人が伝えても、その場の雰囲気や、受け取る側の精神状態などによって、受け取られ方が変わってしまうことがあります。どれだけ伝えたつもりになっていても、相手に真意が届くことは滅多にないのだと知るべきなのかもしれません。しかし、どうせ伝わらないとあきらめてしまっては前に進めません。難しさを十分に理解しながら、伝える工夫を続けましょう。

　何より大切なのは、「相手の立場に立って、心を込めて伝える」ということだと思います。自分が相手の立場だとしたら、どんな風に言われたら伝わるか、どんなタイミングや状況で言われたら伝わるか、ということを考え、自分の言葉で心から話すことが重要でしょう。

　「具体的な数字で伝える」「印象に残る画像やグラフで伝える」「ストーリー性を持って伝える」といったテクニックを活用することも時には必要だと思いますが、コミュニケーションを図るためには、まずは相手のことを思いやる気持ちを忘れないようにするべきでしょう。「夫婦でもわかり合うのは簡単ではない」と自分に言い聞かせながら。

おわりに

　私の公務員生活は失敗の連続でした。

　「若気の至り」だとしてもあんまりな振る舞いをしてしまったり、役所の常識から外れた行動をとってしまったり、言わなくていいことを言ってしまったり、自分だけでできるつもりで始めたものの、結局、周りの人に迷惑をかけてしまったり…。数え上げたらきりがないくらいです。いろいろな方に助けていただきながら、なんとか大事に至らずにここまでやってきました。運がよかったとしか言いようがありません。

　ですから、何かで失敗してしまった人を責める気持ちには全くなれません。むしろ、「わかる、わかる」という感じになりますし、「ドンマイ」と声をかけたくなります。社会全体が失敗に寛容であるべきとの思いも強く持っています。

　ただ、取り返せる失敗、自分の責任の範囲内で何とかなる失敗ならともかく、取り返しがつかないような失敗、強い後悔として残るような失敗、多くの人に迷惑をかけてしまうような失敗は何とか避けたいものです。

　挑戦的な仕事をするには、上司・同僚の信頼を得る必要があります。
　信頼を得るためには、普段から期待に応えている必要があります。
　期待に応えるためには、しなくてもいい失敗を避ける必要があります。

　つまり、無駄な失敗を減らすことが、挑戦心を満たすような大きな仕事につながっていくかもしれないのです。

　先人たちの失敗を意味のあるものにするためにも、しっかり失敗から学びましょう。

林　誠

●著者紹介

林 誠（はやし・まこと）

所沢市市民医療センター事務部長。
1965年滋賀県生まれ。早稲田大学政治経済学部経済学科卒業。日本電気
株式会社に就職。その後、所沢市役所に入庁。一時埼玉県庁に出向し、
現在に至る。市では、財政部門、商業振興部門、政策企画部門等に所属。
役所にも経営的な発想や企業会計的な考え方が必要と中小企業診断士資
格を、東京オリンピック・パラリンピックに向けて通訳案内士資格を取得。
また、所沢市職員有志の勉強会「所沢市経済どうゆう会」の活動を行う。
著書に『お役所の潰れない会計学』（自由国民社、2007年）、『財政課の
シゴト』（ぎょうせい、2017年）、『イチからわかる！ "議会答弁書" 作
成のコツ』（ぎょうせい、2017年）、『9割の公務員が知らない お金の
貯め方・増やし方』（学陽書房、2018年）、『どんな部署でも必ず役立つ
公務員の読み書きそろばん』（学陽書房、2020年）、『my公務員BOOK
「係長」』（ぎょうせい、2021年）がある。

これで失敗しない！
自治体財政担当の実務

2023年10月25日　初版発行

著　者　林 誠

発行者　佐久間重嘉

発行所　学 陽 書 房

〒102-0072　東京都千代田区飯田橋1-9-3
営業部／電話　03-3261-1111　FAX　03-5211-3300
編集部／電話　03-3261-1112
http://www.gakuyo.co.jp/

ブックデザイン／LIKE A DESIGN（渡邉 雄哉）
DTP制作／ニシ工芸
印刷・製本／三省堂印刷